Felice Raimondo

FAIR PLAY FINANZIARIO

Normativa e approfondimenti.

www.feliceraimondo.it

Autopubblicato su Amazon nel 2019 attraverso la piattaforma Amazon KDP.
Print On Sale: ogni copia viene stampata e spedita da Amazon al momento dell'acquisto.
Editore e autore: Felice Raimondo.
Progetto grafico: Pina Saltarelli (pinasaltarelli@gmail.com)

ISBN 979-12-200-5240-5

A mia figlia Elisa.

"La conoscenza è un tesoro,

ma la pratica è la sua chiave."

(Lao Tzu)

Indice

Parte III

La procedura del FFP: le due camere, i termini e le sanzioni

Prefazione di Umberto Lago,
Professore associato di economia e gestione delle imprese presso l'Università di Bologna, dottore commercialista presso PLLC (diritto e finanza), nonché padre fondatore del FFP, membro dell'UEFA Club Financial Control Body dal giugno 2010 all'aprile 2017, Acting Chief Investigator dello stesso organo dal 2014 al 2015 e Deputy Chief Investigator dal 2015 al 2017.

L'avv. Raimondo, in questo sul libro, ha svolto un importante lavoro di analisi delle regole del Fair Play Finanziario, illustrandole anche con casi pratici tratti dalle cronache per mostrare quello che spesso rimane oscuro ai più, cioè le prassi seguite da chi conduce le indagini e da chi prende le decisioni. Non solo il dettato della norma, pertanto, ma anche il modo in cui la norma viene applicata e interpretata. L'autore non risparmia alcune importanti critiche al Fair Play Finanziario, ritenendo, come molti altri del resto, che tale *corpus* normativo abbia avuto una parte importante nell'""ingessare" il sistema, rendendo difficile ad alcuni club, tra i quali il "suo" Milan, raggiungere posizioni di vertice negli ultimi 10 anni.

Ma è veramente così? Il Financial Fair Play ha davvero tutta questa responsabilità?

Intanto, bisognerebbe iniziare con il comprendere i motivi per cui la UEFA, già a partire dal 2009, decise di introdurre un sistema di controllo sui conti dei club e di limitare le spese eccessive, soprattutto quello per l'acquisto e gli stipendi dei giocatori.

Nel primo decennio degli anni 2000, la situazione finanziaria del calcio in Europa non era per niente rosea, al contrario, in tutti i campionati vi erano club in grosse difficoltà economiche, club che erano in situazione di insolvenza e che fallivano o accedevano a procedure concorsuali. La UEFA stimava, per la fine del decennio, che almeno il 20% dei club europei si trovassero in difficoltà finanziarie. Tale situazione è arrivata al culmine nel 2011, quando le perdite aggregate dei club europei di prima divisione hanno toccato la cifra record di 1,67 miliardi di euro. Era evidente che qualcosa andasse fatto e la UEFA, quale massimo organismo del calcio europeo, aveva la responsabilità di agire.

Da questo punto di vista, l'introduzione del Fair Play Finanziario si è rivelata un enorme successo: dall'anno 2011, le perdite del calcio professionistico si sono costantemente ridotte fino ad annullarsi e a cambiare di segno: nel 2017 il calcio professionistico, per la prima volta nella sua storia, ha realizzato un utile netto aggregato di 615 milioni di euro. A livello di utile operativo, la situazione è ancora migliore perché si è passati da una perdita aggregata di 382 milioni di euro nel 2011 ad un utile operativo di 1.386 milioni di euro nel 2017. Questo, riducendo nel contempo l'indebitamento ed aumentando la patrimonializzazione. Risultati sensazionali, ottenuti in soli 6 anni di attività.

Il *turnaround* del settore del calcio ha portato nuovi investitori, attratti dal fatto che, contrariamente a quanto avveniva negli scorsi anni, oggi con il calcio è possibile fare profitti. Sono arrivati, anche nel nostro paese, investitori asiatici, americani, fondi di investimento. Sicuramente tutto ciò sta portando una maggiore professionalizzazione del settore, che anno dopo anno, sta cambiando pelle.

Possiamo ancora dire che uno spettacolo che fattura a livello europeo oltre 20 miliardi di euro è essenzialmente un gioco, o si è ormai trasformato in un business?

Ci sono club che sono imprese che fatturano quasi un miliardo di euro, con centinaia di dipendenti. Le spinte per la trasformazione del sistema calcio in un business all'americana (leghe chiuse, abolizione delle retrocessioni, posizioni decise in base al numero di tifosi, ...) si fanno sempre più forti. E' chiaro che, in questo quadro, i grandi club sono favoriti mentre i piccoli faticano a competere.

Tutta colpa del Fair Play Finanziario? Non credo. Il settore del calcio, come la quasi totalità dei settori economici, è stato interessato dalla globalizzazione, che ha determinato una ulteriore (dopo quella delle televisioni alla fine del secolo scorso) spinta ai ricavi: i tifosi del Barcellona e del Manchester United non sono più soltanto spagnoli e inglesi: sono europei, cinesi, americani. I grandi club con i marchi più noti e più strutturati dal punto di vista manageriale hanno saputo cogliere, chi più chi meno, questa opportunità. Per i club piccoli, che hanno una fan base essenzialmente locale, è stato di fatto impossibile. Questo, a mio avviso, è il motivo fondamentale dello sbilanciamento competitivo tra i club.

A livello di grandi club, dovremmo chiederci come mai, anche nello stesso Paese, alcuni club hanno saputo cogliere la sfida della globalizzazione e altri sono rimasti al palo. In Italia, ad esempio, solo la Juventus è riuscita a trasformarsi in un club globale, con lo stadio di proprietà, ricavi e valutazione di borsa in linea con i top club europei, una partecipazione costante alla Champions' League. Le milanesi, pur avendo analogo potenziale, non sono riuscite a compiere il medesimo percorso. Ciò, a mio avviso, non tanto per colpa del Fair Play Finanziario, ma, piuttosto, per un attaccamento ad un modello di gestione, quello padronale, ormai superato. Anche nel calcio, in sostanza, come in tanti altri settori industriali e dei servizi, il nostro paese dimostra di faticare a modernizzarsi, lasciandosi alle spalle modelli di gestione incentrati sulla figura dell'imprenditore "padrone" per abbracciare modelli gestionali manageriali, introducendo figure professionali all'altezza delle sfide.

Il Fair Play Finanziario ha accompagnato questa trasformazione, ma non ne è stato la causa. Certo, il Fair Play Finanziario ha introdotto un maggiore rigore finanziario e per questo può avere contribuito alla modernizzazione del settore in senso manageriale. Ma la grande spinta, asimmetrica nel senso che ha interessato quasi esclusivamente i grandi club, all'aumento dei ricavi è venuta prevalentemente dalla globalizzazione. Semmai, il Fair Play Finanziario ha fornito un quadro di regole, valide per tutti, affinché questa grande spinta all'aumento dei ricavi (cresciuti mediamente del 6,6% all'anno e quasi raddoppiati dal 2008 ad oggi) si svolgesse ordinatamente e profittevolmente.

Ecco, il Fair Play Finanziario è stato il *corpus* normativo che, contrariamente a quanto avvenne negli anni 90 del secolo scorso, con l'avvento delle pay tv, quando il forte incremento dei ricavi coincise, incredibilmente, con una crescita ancora maggiore dei costi e degli squilibri finanziari dei club, ha consentito ai club di approfittare di questa crescita dei ricavi per migliorare la propria situazione finanziaria, per vedere, per la prima volta nella storia, un profitto aggregato e per attrarre investitori stranieri, allettati dalla ritrovata redditività del settore.

E' possibile che oggi, avendo raggiunto i propri obiettivi, il Fair Play Finanziario possa essere modificato nel senso di consentire una maggiore flessibilità ai club che vogliono investire, a determinate condizioni. Personalmente, e in questo concordo con l'autore, penso che sia questo il caso. Comunque sia, il Fair Play Finanziario UEFA, che poi è stato tradotto in normative ad esso ispirate anche a livello nazionale, è oggi la normativa di riferimento con la quale debbono fare i conti tutti i club europei e l'ottima disamina dell'avv. Raimondo consente di comprenderne a fondo i meccanismi, valutando l'applicazione delle regole a casi pratici, in particolare alla lunga trafila seguita dall' AC Milan, ed entrando quindi, nella seconda parte del testo, nel merito delle norme e della loro applicazione. Comunque la si pensi sul Fair Play Finanziario, un utilissimo approfondimento.

Introduzione.

La premessa è d'obbligo: quale tifoso del Milan, ho fatto di necessità virtù. Chi ha letto la precedente pubblicazione dello scrivente ("Il Diavolo è nei dettagli") avrà certamente capito la mia passione per le dinamiche giuridiche ed economiche che ruotano attorno al mondo del calcio. Negli ultimi anni, in particolare, il club per cui tifo è stato oggetto di numerosi problemi riguardanti la proprietà, prima, e il rapporto con la UEFA, poi.

Pertanto, con la curiosità e la voglia di capire che mi contraddistinguono, ho deciso di approfondire le recenti problematiche affrontate dall'AC Milan, ed il Fair Play Finanziario è senza dubbio una delle più importanti.

Attraverso il blog in cui scrivo, prima su wordpress ed oggi su un dominio personale, ho condiviso numerosi approfondimenti, ragionamenti e studi personali riguardanti il Fair Play Finanziario.

Questo volume rappresenta il naturale seguito a tutto il lavoro svolto sull'argomento negli ultimi anni ed affronta in maniera manualistica e scientifica tutto l'argomento del FFP: dalla nascita all'applicazione pratica, passando per la procedura con gli istituti più chiacchierati ("Voluntary Agreement" e "Settlement Agreement"), fino alle criticità che secondo il sottoscritto sono tutt'ora presenti nel sistema.

Un compendio che traduce in italiano gran parte della normativa, fino ad oggi solo in inglese, impreziosito da numerosi approfondimenti ad hoc sugli argomenti più importanti, e che si rende utile sia al tifoso che vuole comprendere le dinamiche finanziarie che oggi influenzano le strategie societarie dei clubs, sia al professionista che vuole ampliare le proprie competenze in ambito consulenziale.

Buona lettura.

N.B. per agevolare il lettore nella comprensione del testo, alla fine della pubblicazione vengono riportati gli ingrandimenti delle (poche) immagini presenti negli articoli che ictu oculi risultino difficili da leggere.

Parte I

Gli albori del FFP: previsioni generali

1) La nascita del Fair Play Finanziario (FFP).

Estate 2009: il Real Madrid dei "galattici" compra, nella stessa sessione di mercato, Cristiano Ronaldo e Kakà per circa 150 milioni di euro.

Estate 2019: il Real Madrid si conferma galattico e compra, nel solo mese di giugno, quindi addirittura prima dell'apertura ufficiale del mercato, cinque giocatori per circa 300 milioni di euro.

Per le *merengues* sembra non sia cambiato nulla, anzi, ma in realtà a partire dal settembre del 2009 il calcio europeo è stato letteralmente stravolto da una novità regolamentare chiamata Fair Play Finanziario (di seguito FFP). Nell'autunno di dieci anni fa, infatti, il Comitato Esecutivo della UEFA ha approvato all'unanimità un *corpus* di regole con lo scopo di calmierare i debiti dei club. Com'è possibile leggere dal sito della UEFA, quest'ultima considera l'ambiente sistemico del calcio europeo per club, e in particolare il più ampio impatto inflazionastico delle spese dei club per salari e trasferimenti.

Nelle ultime stagioni, molti club hanno dichiarato perdite finanziarie ripetute e in aumento. L'instabile situazione economica ha creato condizioni di mercato difficili per i club europei, con conseguenze negative sulla generazione dei profitti e ulteriori problemi di disponibilità finanziaria per le operazioni quotidiane. Molti club hanno registrato un calo di liquidità, che ha comportato per esempio ritardi nei pagamenti ad altri club, ai dipendenti e alle autorità sociali/fiscali.

Pertanto la UEFA ha introdotto misure adeguate per raggiungere questi obiettivi. Tra questi, l'obbligo per i club di chiudere i bilanci in parità o in attivo in un determinato periodo. A questo proposito, i club non possono spendere ripetutamente più di quanto guadagnano e sono obbligati a pagare dipendenti e trasferimenti in modo tempestivo. I club a più alto rischio che non soddisfano alcuni indicatori devono anche fornire bilanci e un piano strategico dettagliato.

Le misure di fair play finanziario comprendono una valutazione pluriennale, per una visione a più ampio termine nel contesto del calcio europeo per club. Tali misure si estendono oltre i criteri del sistema di licenze per club UEFA in essere, pensate principalmente per valutare la situazione finanziaria a breve termine e amministrate dagli organi di governo di ogni federazione affiliata alla UEFA.

A giugno 2012, il Comitato Esecutivo UEFA ha approvato la formazione dell'Organo di controllo finanziario dei club (CFCB) per controllare l'applicazione del sistema di licenze per club e delle regole di fair play finanziario UEFA.

Il CFCB ha sostituito il Panel di controllo finanziario per club, che ha monitorato i club dalla prima introduzione delle regole a maggio 2010. La principale evoluzione consiste nel fatto che la CFCB è un organo UEFA di amministrazione della giustizia. Inoltre, l'organo può infliggere misure disciplinari se i requisiti non vengono rispettati e decidere sull'idoneità dei club per le competizioni UEFA.

Le regole sulle licenze per club e sul fair play finanziario UEFA, approvate a maggio 2010 dopo un lungo periodo di consultazione e aggiornate nell'edizione 2012, sono state implementate per un periodo triennale. **Gli stipendi e le spese di ingaggio dei club che partecipano alle competizioni UEFA, quindi, vengono monitorate dall'estate 2011. La prima valutazione dei bilanci è stata condotta nel 2013/14 ed ha interessato gli anni finanziari 2012 e 2013.**

Queste regole sono state un autentico shock per molti club, ma nell'estate del 2012 la UEFA ribadiva la bontà del sistema per bocca dei suoi massimi esponenti, a partire da Michel Platini, all'epoca presidente UEFA: *"Lo ripeto: indietro non si torna. Abbiamo deciso di introdurre il fair play finanziario qualche anno fa con il sostegno unanime di club, federazioni e politici europei. È stata una scelta positiva, dunque andremo avanti"*.

A ciò vanno aggiunte le parole del segretario generale UEFA, Gianni Infantino, oggi presidente FIFA, che spiegava come le spese per i trasferimenti avevano subito un calo notevole e potenzialmente significativo. L'analisi della UEFA confermava che gennaio 2012 era stato un mese molto più tranquillo rispetto al 2011, con una spesa complessiva di 393 milioni di euro a fronte dei 613 milioni dell'anno prima (-36%). Solo un trasferimento aveva avuto un costo superiore a 15 milioni di euro, rispetto ai nove di gennaio 2011. Un confronto tra gennaio 2012 e la media di gennaio dal 2008 al 2011 mostra un calo del 20%.

I trasferimenti estivi del 2012 evidenziavano che i club europei avevano acquistato 18 giocatori di un valore superiore o uguale ai 15 milioni di euro, rispetto ai 26 dell'estate 2011 e ai 33 dell'estate 2009 (un record). In totale, nel 2012 sono stati spesi 1.753 milioni di euro, cifra nettamente inferiore alla media di 2.249 milioni degli ultimi quattro anni.

"L'attuale spesa per i trasferimenti invernali ed estivi ammonta a 2.065 milioni di euro e rappresenta appena il 75% della media dal 2008 al 2011 - spiegava Infantino -. *Questo sottolinea l'impatto del fair play finanziario e il fatto che molti club abbiano tirato la cinghia o non abbiano più un facile accesso al credito. Sono cifre chiare ed estremamente significative".*

Infantino, quindi, sottolineava che, dopo anni di accelerazione, le perdite finanziarie dei club si erano stabilizzate pur essendo ancora a un livello storico e pericoloso. *"La necessità del fair play finanziario è evidente. La conclusione è che l'Organo di controllo finanziario dei club sta avendo effetti evidenti e positivi, e che il fair play finanziario prosegue a spron battuto. C'è solo una via, cioè andare avanti"*, chiosava il segretario generale UEFA, spiegando anche che molte società dovevano ancora lavorare per implementare nuove strategie.

Effettivamente diversi club, con il passare degli anni, hanno individuato alcune strategie con cui indorare la pillola del FFP, al punto che in alcuni casi la UEFA è dovuta correre ai ripari.

2) Gli scopi e gli obiettivi del FFP

L'edizione più recente del regolamento è quella pubblicata nel 2018 e nei primi due articoli vengono subito chiariti gli scopi e gli obiettivi del FFP.

La UEFA specifica che questo *corpus* normativo si applica ogni volta che espressamente si fa riferimento a regolamenti specifici che disciplinano le competizioni per club da svolgere sotto l'egida della UEFA.

Il FFP disciplina i diritti, doveri e le responsabilità di tutte le parti coinvolte nel sistema di licenze dei club UEFA e definisce in particolare:

a) i requisiti minimi che devono essere soddisfatti da un'associazione membro della UEFA al fine di fungere da licenziante per i suoi club, nonché le procedure minime che il licenziante deve seguire nella valutazione dei criteri di concessione delle licenze;

b) il richiedente la licenza e la licenza richiesta per partecipare alle competizioni UEFA per club;

c) i criteri minimi di tipo sportivo, infrastrutturale, personale, amministrativi, legali e finanziari che devono essere soddisfatti da un club al fine di ottenere una licenza dal suo licenziante come parte della procedura di ammissione per partecipare alle competizioni UEFA per club.

Queste norme disciplinano, inoltre, i diritti, i doveri e le responsabilità di tutte le parti coinvolte nel processo di monitoraggio dei club UEFA e definiscono in particolare:

a) il ruolo e le mansioni dell'organismo di controllo finanziario dei club (CFCB), le procedure minime che i licenzianti devono seguire nelle loro valutazioni dei requisiti di monitoraggio dei club e le responsabilità dei licenziatari durante le competizioni UEFA per club;

b) i requisiti di monitoraggio che devono essere soddisfatti dai licenziatari che si qualificano per le competizioni UEFA per club.

Gli obiettivi posti dal FFP vengono enunciati nel successivo art. 2 e mirano a:

a) promuovere ulteriormente e migliorare costantemente lo standard di tutti gli aspetti del calcio in Europa e dare una priorità costante alla formazione e alla cura dei giovani giocatori in ogni club;
b) assicurare che i club abbiano un livello adeguato di gestione e organizzazione;
c) adeguare le infrastrutture sportive dei club per assicurare ai giocatori, spettatori e media, strutture adeguate, ben attrezzate e sicure;
d) proteggere l'integrità e il regolare svolgimento delle competizioni UEFA per club;
e) consentire lo sviluppo di benchmarking per i club in ba-

se a criteri finanziari, sportivi, legali, di personale, amministrativi e infrastrutturali in tutta Europa.

Accanto a questi obiettivi di portata generale, la UEFA ne indica altri di carattere prettamente economico e finanziario. In particolare il FFP mira a:

a) migliorare la capacità economica e finanziaria dei club, aumentandone la trasparenza e la credibilità;
b) attribuire la necessaria importanza alla tutela dei creditori e assicurare che i club risolvano puntualmente le loro responsabilità (pendenze, ndr) con dipendenti, autorità sociali / fiscali e altri club;
c) introdurre maggiore disciplina e razionalità nelle finanze del club di calcio;
d) incoraggiare i club a operare sulla base delle proprie entrate;
e) incoraggiare la spesa responsabile per il beneficio a lungo termine del calcio;
f) proteggere la redditività e la sostenibilità a lungo termine del calcio europeo.

3) L'importanza dei criteri legali e finanziari.

Nella seconda parte (dall'art. 4 all'art. 52) il regolamento FFP disciplina il sistema club per licenze, in particolare le figure del licenziante e del licenziatario, i criteri di rilascio di tali licenze, i criteri sportivi, infrastrutturali, amministrativi e legali e finanziari per poter partecipare alle competizioni UEFA.

Tra i criteri legali merita una menzione quello previsto dall'art. 43: *"Dichiarazione relativa alla partecipazione alle competizioni UEFA per club"*. Il richiedente la licenza, infatti, deve presentare una dichiarazione legalmente valida che confermi quanto segue:

a) Riconoscere come giuridicamente vincolanti gli statuti, i regolamenti, le direttive c dccisioni della FIFA, della UEFA, della federazione affiliata alla UEFA e, se del caso, della lega nazionale e della giurisdizione della Corte di arbitrato per lo sport (CAS) a Losanna come disciplinato negli articoli pertinenti dello Statuto UEFA;

b) Giocarc a livello nazionale nelle competizioni riconosciute e approvate dall'associazione membro della UEFA (ad esempio campionato nazionale, coppa nazionale);

c) Partecipare a livello internazionale a competizioni riconosciute dalla UEFA o dalla FIFA (per evitare ogni dubbio, questa disposizione non riguarda le partite amichevoli);

d) Informare prontamente il licenziante in merito a qualsiasi cambiamento, evento o condizione significativa di maggiore importanza economica;

e) si atterrà e osserverà i regolamenti di licenza per club del licenziante;

f) si atterrà al rispetto dei regolamenti sulle licenze e sul fair play finanziario della UEFA;

g) il suo perimetro di rendicontazione è definito in conformità con l'articolo 46bis;

h) sarà responsabile delle eventuali conseguenze di un'entità inclusa nel perimetro di segnalazione che non rispetta e osservi i punti e) ed f) di cui sopra;

i) completezza e correttezza di tutti i documenti presentati;

j) autorizzare l'amministrazione competente per le licenze dei club nazionali e gli organismi nazionali per le licenze dei club, l'amministrazione UEFA e gli organi UEFA deputati all'amministrazione della giustizia, all'esame di qualsiasi documento pertinente e chiedere informazioni a qualsiasi autorità pubblica pertinente o ente privato conformemente alla legislazione nazionale;

k) Riconoscere che la UEFA si riserva il diritto di eseguire audit di conformità a livello nazionale conformemente all'articolo 71.

La succitata dichiarazione deve essere eseguita da un firmatario autorizzato del richiedente la licenza non più di tre mesi prima della scadenza per la presentazione al licenziante.

Il controllo della UEFA, tuttavia, si estende anche alla **struttura legale della società che partecipa alla competizione europea**. In particolare l'art. 46 del regolamento afferma che il richiedente la licenza deve fornire al licenziante le informazioni sulla sua struttura giuridica di gruppo alla data di scadenza statutaria prima del termine per la presentazione della domanda. La struttura deve essere presentata in un grafico e debitamente approvata dal management. Il licenziante deve essere informato di eventuali modifiche eventualmente apportate alla struttura legale del gruppo durante il periodo compreso tra la data di chiusura statutaria e la presentazione del grafico al licenziante.

Questo documento deve identificare chiaramente e includere informazioni su:

a) il richiedente la licenza e, se diverso, il membro registrato all'associazione UEFA per club;

b) qualsiasi sussidiaria del richiedente la licenza e, se diverso, il membro registrato all'associazione UEFA per club;

c) qualsiasi soggetto associato del richiedente la licenza e, se diverso, il membro registrato all'associazione UEFA per club;

d) qualsiasi soggetto controllante diretto o indiretto del richiedente la licenza, fino alla parte che la controlla, inclusa;

e) qualsiasi parte che abbia il 10% o più di proprietà diretta o indiretta del richiedente la licenza, o il 10% o più diritti di voto;

f) qualsiasi parte con un'influenza significativa sul richiedente la licenza;

g) qualsiasi altra società calcistica, in relazione alla quale una delle parti identificate in (a) a (f) o uno qualsiasi dei suoi dirigenti con responsabilità strategiche hanno alcun diritto di proprietà, diritto di voto e / o qualsiasi coinvolgimento o influenza di qualsiasi tipo in relazione alla *governance* delle sue politiche finanziarie e operative. Il perimetro di rendicontazione definito nell'articolo 46 bis deve essere chiaramente identificato nel documento.

Se ritenuto pertinente, il licenziante può richiedere al richiedente / licenziatario della licenza di fornire informazioni aggiuntive diverse da quelle sopra elencate (ad esempio informazioni su eventuali società controllate e/o collegate dell'entità controllante finale e/o entità di controllo diretta).

Le seguenti informazioni devono essere fornite in relazione a tutte le entità incluse nella struttura del gruppo legale:

a) nome della persona giuridica;

b) tipo di persona giuridica;

c) attività principale della persona giuridica;

d) percentuale degli interessi di proprietà (e, se diversa, percentuale del potere di voto detenuto).

Per qualsiasi sussidiaria del richiedente la licenza e, se diverso, il membro registrato all'associazione UEFA per club, devono essere fornite anche le seguenti informazioni:

e) capitale sociale;

f) totale attivo;

g) ricavi totali;

h) equity totale;

Accanto ai criteri legali, degni di nota sono anche quelli finanziari enucleati negli artt. 46 bis e seguenti. Il richiedente la licenza determina e fornisce al licenziante il perimetro di rendicontazione, ossia l'entità o la combinazione di entità per le quali devono essere fornite informazioni finanziarie (es. Singola entità, bilanci consolidati o combinati) conformemente all'allegato VII-B e valutate conformemente all'allegato IX.

Il perimetro di segnalazione deve includere:

a) il richiedente la licenza e, se diverso, il membro registrato all'associazione UEFA per club;

b) qualsiasi sussidiaria del richiedente la licenza e, se diverso, il membro registrato all'associazione UEFA per club;

c) qualsiasi altra entità inclusa nella struttura giuridica del gruppo che generi ricavi e/o prestazione di servizi e/o costi sostenuti in relazione alle attività calcistiche definite al paragrafo 3, lettera c), lettera j);

d) qualsiasi entità, indipendentemente dal fatto che sia inclusa nella struttura giuridica del gruppo, che genera ricavi e/o esegue servizi e/o sostiene costi relativi alle attività calcistiche definite nel paragrafo 3, lettere a) e b) seguenti.

Le attività calcistiche includono:

a) impiegati/ingaggi del personale (come definito nell'articolo 50) inclusi i pagamenti di tutte le forme di corrispettivo per i dipendenti derivanti da obblighi contrattuali o legali;

b) acquisizione/vendita di registrazioni di giocatori (inclusi prestiti);

c) biglietteria;

d) sponsorizzazione e pubblicità;

e) trasmissione;

f) merchandising e hospitality;

g) operazioni del club (ad esempio amministrazione, attività di matchday, viaggi, scouting, ecc.);

h) finanziamento (compreso il finanziamento garantito o impegnato a fronte del patrimonio del richiedente la licenza);

i) uso e gestione di impianti sportivi e di addestramento;

j) calcio femminile;

k) settore giovanile.

Ai sensi dell'art. 47 del regolamento, ogni società deve preparare e presentare al licenziante i rendiconti finanziari annuali relativi alla data di scadenza statutaria prima della scadenza per la presentazione della domanda e alla UEFA prima della scadenza per la presentazione dell'elenco delle decisioni sulle licenze.

Il bilancio annuale deve essere composto da:

a) un bilancio finanziario;

b) un conto profitti e perdite;

c) un rendiconto finanziario;

d) note, comprendenti una sintesi delle politiche contabili significative e altre note esplicative; e

e) una revisione finanziaria da parte della direzione.

Qualora la data legale di chiusura del bilancio del richiedente la licenza va oltre i sei mesi rispetto al termine ultimo per la presentazione dell'elenco delle decisioni di licenza UEFA, l'art. 48 prevede che debbano essere preparati e presentati rendiconti finanziari aggiuntivi relativi al periodo intermedio.

Gli articoli 49, 50 e 50 bis, invece, si occupano di disciplinare ulteriori adempimenti da parte dei clubs, in particolare ciò che concerne **l'assenza di debiti scaduti.**

Innanzitutto bisogna garantire **l'assenza di debiti scaduti verso altri club**. In particolare il richiedente la licenza deve provare che al 31 marzo precedente il periodo di licenza, non abbia debiti scaduti (come definiti nell'allegato VIII) nei confronti di altre società calcistiche a seguito di trasferimenti effettuati prima del 31 dicembre precedente.

I succitati debiti riguardano le somme dovute alle società di calcio a seguito di:

a) attività di trasferimento, incluso qualsiasi importo dovuto al verificarsi di determinate condizioni;

b) indennità di formazione e contributi di solidarietà come definiti nei regolamenti della FIFA sullo status e il trasferimento dei giocatori;

c) qualsiasi responsabilità solidale decisa da un'autorità competente per la risoluzione di un contratto da parte di un giocatore.

Il richiedente la licenza deve preparare e presentare al licenziante una tabella dei trasferimenti, a meno che le informazioni non siano già state comunicate al licenziante ai sensi dei requisiti nazionali di trasferimento (ad esempio il sistema nazionale di compensazione). **Deve essere preparato anche se non ci sono stati trasferimenti/prestiti durante il periodo in questione.**

Il richiedente la licenza deve rivelare:

a) tutte le nuove registrazioni di giocatori (inclusi i prestiti) nei 12 mesi fino al 31 dicembre, indipendentemente dal fatto che vi sia un importo da pagare al 31 dicembre;

b) tutti i trasferimenti per i quali è in sospeso un importo al 31 dicembre, indipendentemente dal fatto che siano stati effettuati nel periodo di 12 mesi fino al 31 dicembre o prima; e

c) tutti i trasferimenti oggetto di una domanda pendente dinanzi all'autorità competente ai sensi della legislazione nazionale o di un procedimento pendente dinanzi a un'autorità calcistica nazionale o internazionale o al tribunale arbitrale competente.

La tabella dei trasferimenti deve contenere almeno le seguenti informazioni (per ogni trasferimento di giocatori, inclusi i prestiti):

a) giocatore (identificazione per nome e data di nascita);

b) data del contratto di trasferimento/prestito;

c) nome della squadra di calcio che in precedenza deteneva la registrazione;

Prescrizioni analoghe sussistono anche per ciò che concerne **l'assenza di debiti verso i dipendenti, così come previsto dall'art. 50.**

Il richiedente la licenza deve provare che al 31 marzo precedente il periodo di licenza non abbia debiti scaduti (come definiti nell'allegato VIII) nei confronti dei suoi dipendenti a seguito di obblighi contrattuali o legali sorti prima del precedente 31 dicembre.

I debiti sono tutte le forme di pagamenti dovute nei confronti dei dipendenti a seguito di obblighi contrattuali o legali, inclusi salari, stipendi, pagamenti di diritti d'immagine, bonus e altri benefici.

Le somme dovute a persone che per varie ragioni non sono più impiegate dal richiedente rientrano nell'ambito di applicazione di questo criterio e devono essere regolate entro il termine stabilito nel contratto e/o definito dalla legge, indipendentemente dal modo in cui tali debiti sono contabilizzati nei rendiconti finanziari.

Il termine "impiegati" comprende le seguenti persone:

a) tutti i giocatori professionisti secondo i regolamenti FIFA applicabili sullo status e il trasferimento dei giocatori; e

b) il personale amministrativo, tecnico, medico e di sicurezza di cui agli articoli da 28 a 33 e da 35 a 39.

Il richiedente la licenza deve preparare e presentare al licenziante una tabella dei dipendenti che mostri:

a) tutti i dipendenti che sono stati assunti in qualsiasi momento durante l'anno fino al 31 dicembre; non solo quelli che rimangono al 31 dicembre;

b) tutti i dipendenti per i quali esiste una somma da liquidare al 31 dicembre, indipendentemente dal fatto che siano stati occupati nel corso dell'anno fino al 31 dicembre; e

c) tutti i dipendenti per i quali è pendente un ricorso dinanzi all'autorità competente ai sensi della legislazione nazionale o di un procedimento pendente dinanzi a un'autorità calcistica nazionale o internazionale o al tribunale arbitrale competente.

Per ciascun dipendente devono essere fornite, come minimo, le seguenti informazioni:

a) nome del dipendente;

b) Posizione / funzione del dipendente;

c) Data di inizio contratto;

d) Data di fine contratto (se applicabile);

e) il saldo passivo al 31 dicembre, inclusa la data di scadenza per ciascun debito non pagato;

f) qualsiasi debito al 31 marzo, inclusa la data di scadenza per ciascun debito non pagato, unitamente al commento esplicativo; e

g) Gli importi soggetti a qualsiasi domanda/procedimento pendente in data 31 marzo.

La tabella dei dipendenti deve essere approvata dal management e ciò deve essere evidenziato mediante una breve dichiarazione e firma per conto dell'organo esecutivo del richiedente la licenza.

Infine il richiedente licenza ai sensi dell'art. 50 bis deve dichiarare **l'assenza debiti scaduti nei confronti delle autorità sociali/fiscali.**

Il club deve dimostrare che al 31 marzo precedente il periodo di licenza non ha debiti scaduti (come definiti nell'allegato VIII) nei confronti delle autorità sociali/fiscali a seguito di obblighi contrattuali o legali nei confronti dei propri dipendenti sorti prima del precedente 31 dicembre.

Il richiedente la licenza deve presentare al revisore dei conti e/o al licenziante una tabella sociale/fiscale che mostri:

a) l'importo dovuto (se esistente) alle autorità sociali/fiscali competenti al 31 dicembre dell'anno che precede la stagione di licenza;

b) qualsiasi reclamo o procedimento pendente.

Le seguenti informazioni devono essere fornite, come minimo, in relazione a ciascun debito nei confronti delle autorità sociali/fiscali, unitamente al commento esplicativo:

a) nome del creditore;

b) qualsiasi debito al 31 dicembre, inclusa la data di scadenza per ciascun debito non pagato;

c) tutti i debiti al 31 marzo, inclusa la data di scadenza per ciascun debito non pagato, unitamente al commento esplicativo e alle prove a sostegno; e

d) L'ammontare degli importi soggetti ad eventuali reclami/procedimenti pendenti al 31 marzo.

La tabella sociale/fiscale deve essere approvata dal management e ciò deve essere evidenziato mediante una breve dichiarazione e firma per conto dell'organo esecutivo del richiedente la licenza.

L'allegato VIII del regolamento chiarisce le **nozioni di debiti scaduti**.

Quest'ultimi sono considerati scaduti se non vengono pagati secondo i termini contrattuali o legali.

I debiti, invece, non sono considerati scaduti ai sensi del FFP, se il richiedente la licenza/il licenziatario (ossia il club debitore) è in grado di dimostrare entro il 31 marzo (in relazione agli articoli 49, 50 e 50bis) e entro il 30 giugno e 30 settembre (in relazione agli articoli 65, 66 e 66bis) rispettivamente che:

a) ha pagato l'importo corrispondente per intero; o

b) ha concluso un accordo che è stato accettato per iscritto dal creditore per prorogare il termine di pagamento oltre il termine previsto (nota: il fatto che un creditore non possa aver richiesto il pagamento di un importo non costituisce un'estensione della scadenza); o

c) ha presentato un ricorso giudiziario che è stato giudicato ammissibile dall'autorità competente a norma della legislazione nazionale o ha avviato procedimenti con le autorità calcistiche nazionali o internazionali o dinanzi al tribunale arbitrale competente che contesta la responsabilità in relazione ai debiti scaduti; tuttavia, se gli organi decisionali (licenziante e / o Organo di controllo finanziario dei club UEFA) ritengono che tale reclamo sia stato presentato o che sia stato aperto un procedimento per l'unico scopo di evitare i termini applicabili stabiliti in questi regolamenti (vale a dire, al fine di acquistare il tempo), l'importo pertinente sarà ancora considerato come un debito scaduto; o

d) ha contestato all'autorità competente a norma della legislazione nazionale, alle autorità calcistiche nazionali o internazionali o dinanzi al tribunale arbitrale competente, un credito che è stato presentato o un procedimento aperto contro di esso da un creditore in relazione a debiti scaduti ed è in grado di dimostrare con ragionevole soddisfazione agli organi decisionali competenti (licenziante e/o organo di controllo finanziario UEFA) che ha valide ragioni per contestare il credito o il procedimento che sono stati aperti; tuttavia, se gli organi decisionali (licenziante e / o Organo di controllo finanziario dei club UEFA) considerano le ragioni per contestare il credito o il procedimento che è stato aperto manifestamente infondato, l'importo sarà comunque considerato come un debito scaduto; o

e) è in grado di dimostrare con ragionevole soddisfacimento degli organi decisionali competenti (licenziante e/o organismo di controllo finanziario UEFA) che ha adottato tutte le misure ragionevoli per identificare e pagare il / i club / i creditore in materia di compensi alla formazione e contributi di solidarietà (come definiti nei regolamenti della FIFA sullo status e il trasferimento dei giocatori).

Oltre ai succitati adempimenti, a chiusura degli obblighi di natura finanziaria, l'art. 52 del FFP impone a ciascun club di presentare **informazioni finanziarie future.**

In particolare il richiedente la licenza deve preparare e presentare future informazioni finanziarie al fine di dimostrare al licenziante la sua capacità di continuare come attività in corso fino alla fine della stagione di licenza se ha violato uno dei seguenti indicatori:

a) Indicatore 1: continuità aziendale

La relazione del revisore in merito alle relazioni finanziarie annuali o infrannuali presentate in conformità agli articoli 47 e 48 include, per quanto riguarda la continuità aziendale, una questione di audit chiave o un parere / conclusione qualificati.

b) Indicatore 2: equity negativo

I rendiconti finanziari annuali (comprese, ove richiesto, le informazioni supplementari) presentati in conformità all'articolo 47 indicano una posizione debitoria netta (patrimonio netto negativo) che si è deteriorata rispetto al dato comparativo contenuto nel bilancio annuale precedente, o il bilancio intermedio e le dichiarazioni presentate a norma dell'articolo 48 (comprese, ove richiesto, le informazioni supplementari) indicano una posizione debitoria netta (patrimonio netto negativo) che si è deteriorata rispetto al dato comparativo alla precedente data di chiusura statutaria.

Parte II

Le caratteristiche del monitoraggio dei clubs

4) Il processo di monitoraggio dei bilanci.

Nella terza parte del regolamento, la UEFA disciplina il c.d. monitoraggio dei club, quindi il cuore del FFP. In questa sezione la normativa si occupa di elencare i diritti, gli obblighi e le responsabilità dei club coinvolti nelle competizioni organizzate dal massimo organismo calcistico europeo, nonché del "Club Financial Control Body" (CFCB), ossia l'organismo di controllo finanziario.

Quest'ultimo, ai sensi dell'art. 53, è diviso in **una camera investigativa e una camera giudicante**, e svolge le sue funzioni come specificato nel FFP e nelle norme procedurali che disciplinano l'organismo di controllo finanziario dei club UEFA.

Nell'assolvere queste responsabilità, la CFCB garantisce la parità di trattamento di tutti i licenziatari e garantisce la totale riservatezza di tutte le informazioni fornite.

Il processo di monitoraggio, così come previsto dall'art. 54, inizia con la presentazione da parte del licenziante dell'elenco delle decisioni inerenti le licenze UEFA e termina alla fine della stagione di licenza.

Comprende i seguenti passaggi chiave minimi:

a) rilascio della documentazione inerente i requisiti per il monitoraggio al licenziante e al licenziatario;

b) la restituzione della documentazione di monitoraggio completa richiesta dal licenziatario al licenziante;

c) valutazione e conferma della completezza della documentazione di ciascun licenziatario da parte del licenziante;

d) presentazione della documentazione convalidata dal licenziante all'amministrazione UEFA;

e) valutazione della documentazione da parte dell'organismo di controllo finanziario del club UEFA;

f) se del caso, richiesta di ulteriori informazioni da parte della UEFA o dell'Organismo di controllo finanziario del club UEFA;

g) decisione dell'organismo di controllo finanziario dei club UEFA come specificato nelle pertinenti disposizioni delle norme procedurali che disciplinano la CFCB.

La scadenza per la presentazione della documentazione viene comunicata tempestivamente ai licenzianti dalla stessa amministrazione UEFA.

Gli ultimi due articoli del primo capitolo della terza parte si occupano delle responsabilità del licenziante e del licenziatario. In particolare l'art. 54 prevede che il licenziante debba:

a) comunicare le scadenze del processo di monitoraggio al licenziatario;

b) cooperare con l'organismo di controllo finanziario dei club UEFA per quanto riguarda le sue richieste e chiarimenti;

c) valutare almeno la documentazione di monitoraggio conformemente all'allegato IX;

d) valutare e confermare all'Organismo di Controllo Finanziario UEFA per Club che il perimetro di segnalazione selezionato è lo stesso utilizzato per l'adempimento dei criteri di licenza del club ed è appropriato ai fini del monitoraggio del club;

e) informare l'organismo di controllo finanziario del club UEFA di tutte le informazioni pertinenti presentate dal licenziatario in merito ai requisiti di monitoraggio del club e qualsiasi evento verificatosi dopo il rilascio della licenza che costituisca una modifica significativa delle informazioni precedentemente presentate dal licenziatario.

Nello svolgimento di queste responsabilità, il licenziante garantisce la parità di trattamento e garantisce la totale riservatezza di tutte le informazioni fornite.

Allo stesso modo l'art. 56 prevede che il licenziatario debba:

a) cooperare con il licenziante e con l'Organo di controllo finanziario del Club UEFA per quanto riguarda le loro richieste e chiarimenti;

b) fornire al licenziante e all'organo di controllo finanziario del club UEFA tutte le informazioni e/o i documenti pertinenti necessari per dimostrare che i requisiti di monitoraggio siano soddisfatti, nonché ogni altro documento richiesto e ritenuto pertinente ai fini del processo decisionale di monitoraggio dei club, entro la scadenza stabilita dal licenziante e/o dall'amministrazione UEFA (l'entità che redige il bilancio o la combinazione di entità rispetto alle quali è richiesta l'informazione deve essere la stessa delle licenze del club);

c) confermare che tutta la documentazione e le informazioni presentate siano complete e accurate;

d) comunicare tempestivamente al licenziante per iscritto qualsiasi evento successivo che costituisca una modifica significativa delle informazioni precedentemente presentate al concessore della licenza, compresa una modifica della forma giuridica o della struttura giuridica del gruppo.

5) Requisiti di monitoraggio: ambito di applicazione ed esenzione.

Tutti i licenziatari che si sono qualificati per una competizione di club UEFA, ad eccezione della UEFA Women's Champions League, devono rispettare i requisiti di monitoraggio, cioè il requisito di pareggio (articoli da 58 a 64) e gli altri requisiti di monitoraggio (articoli da 65 a 68).

Un licenziatario che dimostri di avere entrate e spese rilevanti (come definite dall'articolo 58) inferiori a 5 milioni di euro per ciascuno dei due periodi di rendicontazione che terminano nei due anni precedenti l'inizio delle competizioni UEFA per club, è esentato dal requisito di pareggio. Tale decisione in deroga è presa dall'Organismo di controllo finanziario dei Club UEFA ed è definitiva.

Se il bilancio annuale di un licenziatario è denominato in una valuta diversa dall'euro, per determinare se debba essere esentato o meno dall'obbligo di pareggio, i dati pertinenti devono essere convertiti in euro al tasso di cambio medio del periodo di riferimento, come pubblicato dalla Banca centrale europea o da altra fonte appropriata.

Se il periodo di riferimento per il bilancio annuale è superiore o inferiore a 12 mesi, la soglia di 5 milioni (entrate rilevanti / spese rilevanti) viene aumentata o diminuita in base alla durata del periodo di riferimento. Il livello di soglia flessibile viene quindi confrontato con il reddito rilevante e le spese rilevanti del licenziatario, a seconda dei casi.

In determinate circostanze, come illustrato nell'appendice XII, un licenziatario può presentare domanda per stipulare un accordo volontario con l'organismo di controllo finanziario del club UEFA per l'adempimento del requisito di pareggio.

6) Il Break-even requirement: nozioni di spese ed entrate rilevanti, periodo di monitoraggio, risultato di pareggio e deviazione accettabile.

Il requisito di pareggio imposto dalla UEFA è il risultato della differenza tra entrate e spese rilevanti. Il reddito rilevante e le spese rilevanti sono definite nell'allegato X.

I ricavi e le spese rilevanti devono essere calcolati e rapportati dal licenziatario per i bilanci annuali certificati e/o per le registrazioni contabili sottostanti e per le informazioni sul pareggio previste, se applicabili.

Le entrate e le spese rilevanti delle parti correlate devono essere adeguate per riflettere il valore equo di tali transazioni o, per i trasferimenti di giocatori tra club che sono parti correlate, il valore conformemente all'allegato X-F.

Un periodo di monitoraggio copre tre periodi di segnalazione consecutivi in cui viene valutato un licenziatario ai fini del requisito di pareggio.

L'attuale periodo di monitoraggio comprende:

a) il periodo di riferimento che termina nell'anno solare in cui iniziano le competizioni per club UEFA (di seguito: periodo di riferimento T) e

b) il periodo di riferimento che termina nell'anno solare prima dell'inizio delle competizioni UEFA per club (di seguito: periodo T-1) e

c) il precedente periodo di riferimento (di seguito: periodo di riferimento T-2).

Ad esempio, il periodo di monitoraggio valutato nella stagione di licenza 2018/19 copre i periodi di segnalazione che terminano nel 2018 (periodo di riferimento T), 2017 (periodo di riferimento T-1) e 2016 (periodo di riferimento T-2).

Inoltre, per i licenziatari in violazione degli indicatori di cui all'articolo 62, paragrafo 3, v) e/o vi), il **periodo di monitoraggio previsionale** comprende:

a) il periodo di 12 mesi che inizia immediatamente dopo la data legale di chiusura del periodo di riferimento T (di seguito: periodo di riferimento T + 1);

b) il periodo di riferimento che termina nell'anno solare in cui iniziano le competizioni per club UEFA (di seguito: periodo di riferimento T), e

c) il periodo di riferimento che termina nell'anno solare prima dell'inizio delle competizioni UEFA per club (di seguito: periodo di riferimento T-1).

Ad esempio, il periodo di monitoraggio previsionale valutato nella stagione di licenza 2018/19 copre i periodi di riferimento che terminano nel 2019 (periodo di riferimento T + 1), 2018 (periodo di riferimento T) e 2017 (periodo di riferimento T-1).

Come detto, **per il FFP la nozione di risultato di pareggio è la differenza tra i redditi rilevanti e le spese rilevanti**, che deve essere calcolato conformemente all'allegato X per ciascun periodo di riferimento.

Se le spese rilevanti di un licenziatario sono inferiori al reddito rilevante per un periodo di riferimento, allora si ha un **surplus di pareggio**. Se le spese rilevanti di un club sono maggiori delle entrate rilevanti per un periodo di riferimento, allora si ha un **deficit di pareggio**.

Se il bilancio di un licenziatario è denominato in una valuta diversa dall'euro, il risultato di pareggio deve essere convertito in euro al tasso di cambio medio del periodo di riferimento.

Il risultato aggregato di pareggio è la somma dei risultati di pareggio di ciascun periodo di riferimento coperti dal periodo di monitoraggio.

Se il risultato aggregato è positivo (uguale a zero o superiore), il licenziatario ha un surplus di pareggio aggregato per il periodo di monitoraggio. Se il risultato aggregato di pareggio è negativo (sotto lo zero), il licenziatario ha un deficit di pareggio aggregato per il periodo di monitoraggio.

Nel caso di un disavanzo aggregato per il periodo di monitoraggio, il licenziatario può dimostrare che il disavanzo complessivo è ridotto da un'eccedenza (se esistente) risultante dalla somma dei risultati dei due periodi di segnalazione precedenti il periodo di monitoraggio (ossia i periodi di riferimento T-3 e T-4 per il periodo di monitoraggio corrente e i periodi di riferimento T-2 e T-3 per il periodo di monitoraggio previsto).

Ad esempio, nel caso di un disavanzo di pareggio aggregato per il periodo di monitoraggio valutato nella stagione 2019/20, il licenziatario può dimostrare che il disavanzo aggregato è ridotto da un avanzo (se presente) derivante dalla somma dei risultati di pareggio dei periodi di segnalazione che terminano nel:

• 2016 (T-3) e 2015 (T-4) per l'attuale periodo di monitoraggio;

• 2017 (T-2) e 2016 (T-3) per il periodo di monitoraggio previsto

Il FFP, come anticipato, consente delle deviazioni massime rispetto al requisito del pareggio di bilancio.

La deviazione accettabile è il disavanzo aggregato massimo possibile per un licenziatario che deve essere considerato conforme al requisito di pareggio di cui all'articolo 64.

La deviazione accettabile è di 5 milioni di euro. Tuttavia può superare tale livello fino a 30 milioni di euro se tale eccedenza è interamente coperta dai contributi dei partecipanti al capitale e / o delle parti correlate. Un importo inferiore può essere deciso a tempo debito dal Comitato Esecutivo UEFA.

Per i concessionari di licenze valutati nell'attuale periodo di monitoraggio, i contributi dei partecipanti al capitale di rischio e/o delle parti correlate (come specificato nell'allegato X-E) sono presi in considerazione per determinare la deviazione accettabile se sono avvenuti e sono stati rilevati:

a) nei rendiconti finanziari certificati per uno dei periodi di riferimento T, T-1 o T2; e / o

b) nelle registrazioni contabili fino al termine ultimo per la presentazione delle informazioni di pareggio per il periodo di riferimento T.

Se i contributi che si verificano fino al termine per la presentazione delle informazioni di pareggio per il periodo di riferimento T sono riconosciuti nel periodo di riferimento T +1 di un club e sono stati presi in considerazione per determinare la deviazione accettabile rispetto al periodo di monitoraggio corrente, i contributi nei periodi di monitoraggio successivi saranno considerati come riconosciuti nel periodo di riferimento T.

Per i concessionari di licenze valutati nel periodo di monitoraggio previsionale, i contributi dei partecipanti al capitale e/o delle parti correlate (come specificato nell'allegato X E) sono presi in considerazione per determinare la deviazione accettabile se sono avvenuti e sono stati riconosciuti:

a) nei rendiconti finanziari certificati per uno dei periodi di riferimento T o T-1; e / o

b) nelle registrazioni contabili per il periodo di riferimento T + 1 fino alla fine della stagione di licenza

L'onere di dimostrare la sostanza della transazione ricade sul licenziatario, e (la transazione) deve essere stata completata sotto tutti gli aspetti e senza alcuna condizione allegata. L'intenzione o l'impegno da parte dei proprietari di dare un contributo non è sufficiente per essere presa in considerazione. Per un periodo di monitoraggio contenente un periodo di segnalazione superiore o inferiore a 12 mesi, lo scostamento accettabile verrà regolato in aumento o in diminuzione in base alla durata del periodo di monitoraggio.

7) Calcolo del risultato di pareggio: entrate e spese rilevanti.

Il FFP nell'allegato X definisce chiaramente quali entrate e quali spese possano essere considerate rilevanti ai fini del calcolo del risultato di pareggio.

A. Riepilogo del calcolo del risultato di pareggio

1. Il reddito rilevante è equivalente alla somma dei seguenti elementi (meglio definiti nella parte B):

a) Entrate – introiti da gare

b) Entrate - sponsorizzazioni e pubblicità

c) Entrate - diritti di trasmissione (tv)

d) Entrate - attività commerciali

e) Entrate - solidarietà e premi in denaro della UEFA

f) Entrate - Altri proventi operativi

g) Utile sulla cessione dei giocatori (e/o sul reddito derivante dalla cessione del giocatore)

h) Ricavi in eccesso sulla cessione di immobilizzazioni materiali

i) Proventi finanziari e risultato di cambio

Il reddito rilevante deve essere diminuito se uno qualsiasi degli elementi da a) a i) sopra indicati include uno qualsiasi dei punti da j) a n) qui di seguito elencati (meglio definiti nella parte B):

j) Crediti/entrate non monetarie

k) Transazioni di reddito con parti correlate al di sopra del fair value

l) reddito da operazioni non calcistiche non collegate al club

m) Reddito nei confronti di un giocatore per il quale il licenziatario conservi la proprietà

n) Credito relativo a una riduzione delle passività derivanti da procedure di protezione dei creditori

2. Le spese rilevanti sono equivalenti alla somma dei seguenti elementi (meglio definiti nella parte C):

a) Spese - Costo delle vendite / materiali

b) Spese - Spese per i dipendenti

c) Spese - Altre spese operative

d) Perdita da alienazione e ammortamento/danneggiamento delle registrazioni dei giocatori (e/o costi di acquisizione delle registrazioni dei giocatori)

e) Costi finanziari e dividendi

Le spese rilevanti devono essere aumentate se uno qualsiasi degli elementi da a) ad e) sopra indicati include la voce f) qui di seguito elencato (meglio definita nella parte C):

f) Transazione/i di spesa con le parti correlate al di sotto del fair value.

Le spese rilevanti possono essere ridotte se uno qualsiasi degli elementi da a) ad e) sopra indicati include uno qualsiasi degli elementi da g) ad m) qui di seguito elecanti (meglio definiti nella parte C):

g) Spese per attività di sviluppo giovanile

h) Spese per attività di sviluppo della comunità

i) Spese per le attività di calcio femminile

j) Addebiti/crediti non monetari

k) Costi finanziari direttamente attribuibili alla costruzione e/o sostanziale modifica delle immobilizzazioni materiali

l) Costi per migliorie su beni di terzi

m) Spese per operazioni non calcistiche non correlate al club

3. Il risultato di pareggio non include quanto segue (meglio definito nella parte D):

a) Utile / perdita da cessione e ammortamento / svalutazione di alcune immobilizzazioni materiali

b) Utile / perdita da cessione e ammortamento / svalutazione di alcune attività immateriali diverse dalle registrazioni dei giocatori

c) Oneri / proventi fiscali

B. Reddito rilevante

Le definizioni per il calcolo del reddito rilevante sono le seguenti:

a) Incassi gara

Include le entrate derivanti dall'ammissione generale e dalla partecipazione alle partite ufficiali, sia per gli abbonamenti stagionali sia per i biglietti giornalieri, in relazione a competizioni nazionali (campionato e coppa), competizioni UEFA per club e altre partite (partite amichevoli e tour). Le ricevute dai gate includono anche le quote associative.

b) Entrate: sponsorizzazioni e pubblicità

Include le entrate derivanti dallo sponsor principale, da altri sponsor, dal pitch-perimeter e da altri annunci pubblicitari e altre sponsorizzazioni e pubblicità.

c) Entrate - Diritti di trasmissione

Include le entrate derivanti dalla vendita dei diritti di trasmissione alla televisione, alla radio, ai nuovi media e ad altri mezzi di trasmissione, in relazione a competizioni nazionali (campionato e coppa) e altre partite (amichevoli e tour).

d) Entrate - Attività commerciali

Include entrate derivanti da merchandising, vendite di cibo e bevande, conferenze, lotterie e altre attività commerciali non altrimenti classificate.

e) Entrate: solidarietà e premi in denaro della UEFA

Include le entrate derivanti dalla UEFA in relazione alla partecipazione a una competizione UEFA per club e / o distribuzioni di solidarietà.

f) Ricavi - Altri proventi operativi

Include tutti gli altri redditi operativi non altrimenti descritti sopra, incluse le entrate derivanti da altre fonti quali sussidi, sovvenzioni e altri fondi del governo del territorio del licenziatario, rendite, dividendi e entrate derivanti da operazioni non di calcio relative al club.

g) Utile sulla cessione delle proprietà dei giocatori e / o proventi dalla vendita dei giocatori

Per il calcolo del reddito pertinente, se un club include (i) profitto sulla vendita dei giocatori (ii) il reddito derivante dalla cessione dei giocatori dipenderà dal metodo di contabilità di ogni club per le registrazioni dei giocatori nei suoi bilanci e dall'applicazione dei requisiti definiti di seguito:

i) Per un club che utilizza il metodo di "capitalizzazione e ammortamento" per la contabilizzazione delle registrazioni dei giocatori, il profitto sulla cessione di un giocatore viene calcolato deducendo il valore contabile netto della registrazione del giocatore al momento del trasferimento, dal calcolo dei proventi ricevuti e da ricevere.

ii) Verrà registrato un profitto sulla cessione di un giocatore se i proventi netti della cessione superano il valore contabile netto della registrazione del giocatore al momento del trasferimento. Qualsiasi profitto di questo tipo deve essere incluso nelle entrate rilevanti per il calcolo del risultato di pareggio.

iii) Per un club che utilizza il metodo di calcolo delle entrate e delle spese per la registrazione dei giocatori, il reddito derivante dalla cessione di un giocatore è il ricavato netto derivante dal trasferimento del giocatore in un altro club. Il ricavato netto della cessione dovrebbe equivalere al reddito monetario derivante dalla cessione della registrazione del giocatore.

Ai fini del calcolo del pareggio:

iv) Per i club che utilizzano il metodo di "capitalizzazione e ammortamento" per la contabilizzazione delle registrazioni dei giocatori nei loro bilanci annuali, i relativi ricavi e le relative spese devono riflettere lo stesso trattamento contabile;

v) Per i club che utilizzano il metodo di calcolo delle entrate e delle spese per le registrazioni dei giocatori nei loro bilanci annuali, il club può scegliere di applicare il metodo "entrate e uscite" o "capitalizzazione e ammortamento". Il trattamento selezionato deve essere applicato su base coerente da un periodo di riferimento al successivo.

h) Ricavi in eccesso sulla cessione di immobilizzazioni materiali

Il profitto derivante dalla cessione di immobilizzazioni materiali (inclusi, a titolo esemplificativo, lo stadio di un club e le strutture di formazione) in un periodo di riferimento deve essere escluso dal risultato di pareggio con le seguenti due eccezioni:

i) Se una immobilizzazione materiale diversa da uno stadio o strutture di formazione non viene sostituita, l'utile da cessione rilevato nel conto economico può essere considerato come reddito rilevante fino:

- alla differenza tra i proventi della dismissione e il costo storico del bene che è stato rilevato come immobilizzazione materiale nel bilancio dell'entità che redige il bilancio;

ii) Se un club dimostra che sta sostituendo un bene fisso venduto, allora l'utile da cessione rilevato nel conto economico può essere preso in considerazione come reddito rilevante fino a:

- alla differenza tra i proventi della dismissione e il costo integrale del bene sostitutivo che è rilevato, o da rilevare, come immobilizzazione materiale nel bilancio dell'entità che redige il bilancio;

- alla differenza tra i proventi della cessione e il valore attuale dei pagamenti minimi per il leasing di 50 anni in relazione al bene sostitutivo che sarà utilizzato dal club nell'ambito di un contratto di leasing / noleggio.

i) Proventi finanziari e risultato di cambio

I proventi finanziari sono relativi a proventi da interessi derivanti dall'utilizzo da parte di terzi di attività dell'entità che producono interessi.

Il risultato in valuta estera è il netto di profitti e perdite su elementi monetari, realizzati o non realizzati. Gli utili e le perdite su valute estere e su elementi non monetari, realizzati o non realizzati, devono essere esclusi dal risultato di pareggio (vedere le parti B (j) e C (j)).

j) Crediti / entrate non monetarie

Devono essere apportate le opportune rettifiche in modo tale che i crediti non monetari siano esclusi dal reddito rilevante per il calcolo del pareggio.

Gli elementi non monetari (ad esempio, immobilizzazioni materiali, attività immateriali come avviamento e rimanenze) sono voci che non soddisfano la definizione di elementi monetari. Le voci monetarie sono definite come unità di valuta detenute e attività e passività da ricevere o da pagare in un numero fisso o determinabile di unità di valuta. La caratteristica essenziale di un elemento monetario è il diritto di ricevere (o l'obbligo di consegnare) un numero fisso o determinabile di unità di valuta.

Esempi di crediti / entrate non monetari includono:

- rivalutazioni verso l'alto delle immobilizzazioni materiali, delle attività immateriali (comprese le registrazioni dei giocatori) e degli inventari;

- Riprese di ammortamenti o svalutazioni di immobilizzazioni materiali e immateriali (incluse le registrazioni dei giocatori); e

- Guadagni in valuta estera su elementi non monetari.

k) Transazioni di reddito con parti correlate superiori al valore equo

Ai fini del risultato di pareggio, il licenziatario deve determinare il fair value (valore equo) di qualsiasi transazione con parti correlate. Se il valore equo stimato è diverso dal valore registrato, il reddito pertinente deve essere adeguato di conseguenza, tenendo presente, tuttavia, che non è possibile apportare rettifiche al rialzo ai proventi rilevanti.

Esempi di transazioni sul reddito con una parte correlata che si richiedono ad un licenziatario per dimostrare il valore equo stimato della transazione, includono:

- Entrate da accordi di sponsorizzazione;

- Entrate da biglietti di ospitalità aziendale e / o utilizzo di box executive; e

- Qualsiasi transazione con una parte correlata in cui beni o servizi sono forniti dal club.

Esempi di operazioni sul reddito con una parte correlata che non sono entrate rilevanti includono i contributi di una parte correlata quali:

- Soldi ricevuti come donazione; e

- Esoneri dal debito.

I contributi di una parte correlata possono essere presi in considerazione nella determinazione della deviazione accettabile (come definita nell'articolo 61) come parte della valutazione del requisito di pareggio, come ulteriormente descritto nella parte E del presente allegato. Le definizioni di parte correlata, le operazioni con parti correlate e il fair value di una transazione con parti correlate sono fornite nella parte F del FFP.

l) reddito da operazioni non calcistiche non collegate al club

I redditi derivanti da operazioni non di calcio non correlate al club (cioè non correlate alle attività calcistiche, ai luoghi o al marchio della squadra di calcio) devono essere esclusi dal calcolo del reddito pertinente.

I proventi derivanti da operazioni non di calcio relative al club (ad esempio legate alle attività, ai luoghi o al marchio della squadra di calcio) possono essere inclusi nel calcolo del risultato di pareggio se sono incluse anche le spese corrispondenti. In questo caso entrambi devono essere inclusi in modo coerente da un periodo di riferimento all'altro.

Esempi di operazioni non di calcio relative al club sono:

- Operazioni basate in prossimità di uno stadio di club e strutture di formazione come un hotel, un ristorante, un centro conferenze, locali commerciali (per il noleggio), un centro di assistenza sanitaria, altre squadre sportive; e

- Operazioni che utilizzano chiaramente il nome / marca di un club come parte delle loro operazioni.

m) Reddito nei confronti di un giocatore per il quale il licenziatario conserva la registrazione

Devono essere effettuati adeguamenti appropriati in modo tale che qualsiasi reddito / profitto relativo a un giocatore per il quale il licenziatario conserva la registrazione sia escluso dal calcolo del risultato di pareggio.

A scanso di equivoci, qualsiasi reddito / profitto derivante dalla cessione dei diritti economici di un giocatore può essere incluso come reddito rilevante per il calcolo del risultato di pareggio dopo il trasferimento permanente della registrazione del giocatore in un altro club.

n) Credito relativo a una riduzione delle passività derivanti da procedure di protezione dei creditori

Qualsiasi credito relativo a una riduzione delle passività derivanti da procedure di protezione dei creditori deve essere escluso dal calcolo del risultato di pareggio.

C. Spese rilevanti

Le definizioni per il calcolo delle spese pertinenti sono le seguenti:

a) Spese - Costo delle vendite / materiali

Include il costo del venduto per tutte le attività, come catering, merci, assistenza medica, kit e materiali sportivi.

b) Spese - Spese per i dipendenti

Include tutte le forme di corrispettivo in cambio di servizi resi durante il periodo di riferimento da dipendenti, inclusi amministratori, dirigenti e responsabili delle attività di governance.

Le spese per i benefici dei dipendenti coprono tutte le forme di considerazione tra cui, a titolo esemplificativo, i benefici a breve termine dei dipendenti (quali salari, stipendi, contributi previdenziali, pagamenti di diritti di immagine, partecipazione agli utili e bonus), altri benefici (come assistenza medica, alloggio , automobili e beni o servizi gratuiti o sovvenzionati), benefici successivi al rapporto di lavoro (pagabili dopo il completamento del rapporto di lavoro), altri benefici a lungo termine per i dipendenti, indennità di fine rapporto e operazioni di pagamento basate su azioni.

c) Spese - Altre spese operative

Include tutte le altre spese operative, come le spese di sottoscrizione, i costi di noleggio, i costi di leasing, le spese di ammortamento relative al diritto d'uso, le spese amministrative e generali e le spese per le operazioni non di calcio relative al club. In conformità con i requisiti minimi di informativa di cui all'allegato VI C, l'ammortamento e il danneggiamento delle immobilizzazioni non sono inclusi negli altri costi operativi e devono essere indicati separatamente nel conto profitti e perdite.

d) Cessione e ammortamento / danneggiamento delle registrazioni dei giocatori (e / o costi di acquisizione delle registrazioni dei giocatori)

Per il calcolo delle spese pertinenti, se un club include (i) ammortamento / svalutazione delle registrazioni dei giocatori e la cessione dei giocatori (ii), i costi per l'acquisizione delle registrazioni dei giocatori dipenderanno dal metodo di contabilità di ogni club per le registrazioni dei giocatori nel suo bilancio e l'applicazione dei requisiti definiti di seguito:

i) Per un'entità che redige il bilancio utilizzando il metodo di "capitalizzazione e ammortamento" per la registrazione dei giocatori nei suoi bilanci annuali, l'ammortamento e / o il depauperamento dei costi di acquisizione delle registrazioni dei giocatori in un periodo di riferimento devono essere calcolati in base ai requisiti contabili di cui all'allegato VII C.

La perdita sulla cessione della registrazione di un giocatore è calcolata deducendo il valore contabile netto della registrazione del giocatore al momento del trasferimento, dai proventi netti della cessione ricevuti e ricevibili.

Una perdita sulla cessione della registrazione di un giocatore verrà segnalata se i proventi netti della cessione sono inferiori al valore contabile netto della registrazione del giocatore al momento del trasferimento. Qualsiasi perdita di questo tipo deve essere inclusa nelle spese pertinenti per il calcolo del risultato di pareggio.

ii) Per un'entità che redige il bilancio che utilizza il metodo di calcolo delle entrate e delle spese per le registrazioni dei giocatori, i costi per l'acquisizione della registrazione di un giocatore sono registrati in un periodo di riferimento.

Ai fini del calcolo del pareggio:

iii) Per i club che utilizzano il metodo di "capitalizzazione e ammortamento" per la contabilizzazione delle registrazioni dei giocatori nei loro bilanci annuali, il reddito pertinente e le relative spese devono riflettere lo stesso trattamento contabile;

iv) Per i club che utilizzano il metodo di calcolo delle entrate e delle spese per le registrazioni dei giocatori nei loro bilanci annuali, il club può scegliere di applicare il metodo "entrate e uscite" o "capitalizzazione e ammortamento". Il trattamento selezionato deve essere applicato su base coerente da un periodo di riferimento al successivo.

e) Costi finanziari e dividendi

Gli oneri finanziari comprendono gli interessi e altri costi sostenuti da un'entità in relazione al prestito di fondi, compresi gli interessi sugli scoperti bancari e sui prestiti bancari di altro tipo, e gli oneri finanziari relativi ai leasing.

I dividendi sono distribuzioni ai detentori di strumenti rappresentativi di capitale. Se i dividendi sono rilevati in bilancio, indipendentemente dal fatto che i dividendi siano presentati nel conto profitti e perdite o in una dichiarazione alternativa, l'ammontare dei dividendi deve essere incluso tra le spese rilevanti.

f) Transazione / i di spesa con le parti correlate al di sotto del fair value

Ai fini del calcolo del pareggio, il licenziatario deve determinare il fair value (valore equo) di qualsiasi transazione con parti correlate. Se il valore equo stimato è diverso dal valore registrato, le relative spese devono essere adeguate di conseguenza, tenendo presente, tuttavia, che non è possibile apportare rettifiche al ribasso alle spese pertinenti.

Esempi di operazioni di spesa con una parte correlata che si richiedono ad un licenziatario per dimostrare il valore equo stimato della transazione includono:

- qualsiasi operazione di spesa con una parte correlata in cui beni e / o servizi siano forniti a un'entità nel perimetro di segnalazione;

- spese per benefici ai dipendenti in relazione a dipendenti di entità esterne al perimetro di rendicontazione se questi dipendenti contribuiscono alle attività delle entità nel perimetro di rendicontazione; e

- Spese finanziarie relative al finanziamento del debito di una parte correlata.

Per ulteriori definizioni di fair value delle transazioni con parti correlate si rimanda alla parte F del presente allegato.

g) Spese per attività di sviluppo giovanile

Un appropriato adeguamento può essere fatto in modo tale che le spese per lo sviluppo del settore giovanile siano escluse dal calcolo del risultato di pareggio. Le spese per le attività di sviluppo giovanile sono le spese di un club direttamente attribuibili (cioè evitate se il club non intraprende attività di sviluppo giovanile) ad attività di formazione, formazione e sviluppo dei dipendenti giovanili coinvolti nel programma di sviluppo giovanile nel territorio di associazione del membro. Il requisito di pareggio consente a un'entità che redige il bilancio di escludere le spese per le attività di sviluppo giovanile dalle spese pertinenti perché l'obiettivo è incoraggiare gli investimenti e le spese in strutture e attività per il beneficio a lungo termine del club.

Le attività che sono considerate attività di sviluppo giovanile includono, ma non sono limitate a:

i) Organizzazione di un settore giovanile;

ii) le squadre giovanili che partecipano a concorsi o programmi ufficiali nazionali, regionali o locali riconosciuti dall'associazione del membro;

iii) programmi di educazione calcistica per diverse fasce di età (capacità di gioco, tecniche, tattiche e fisiche);

iv) Programmi educativi (Regole del gioco, antidoping, integrità, antirazzismo);

v) supporto medico per i giocatori giovanili; e

vi) disposizioni sull'educazione non calcistica.

Le spese direttamente imputabili includono, ma non sono limitate a:

vii) costi dei materiali e servizi utilizzati per intraprendere attività di sviluppo giovanile, compresi i costi di alloggio, spese mediche, tasse scolastiche, viaggio e soggiorno, kit e abbigliamento e noleggio di attrezzature;

viii) Costi dei salari ai dipendenti interamente coinvolti in attività di sviluppo giovanile oltre a giocatori come il responsabile del programma di sviluppo giovanile e allenatori delle giovanili, come definito negli articoli 38 e 39, se il loro impiego da parte del club è interamente destinato alle attività di sviluppo giovanile ;

ix) Costi dei salari ai dipendenti giovani sotto i 18 anni alla data di chiusura prevista dal licenziatario. I costi dei salari per i dipendenti che sono giovani giocatori di età pari o superiore a 18 anni alla data di chiusura legale del licenziatario non possono essere esclusi dalle relative spese.

Se un licenziatario non può identificare separatamente le spese per le attività di sviluppo giovanile da altre spese, tali spese non saranno considerate come spese per attività di sviluppo giovanile. Le seguenti non sono considerate spese per attività di sviluppo giovanile ai fini di questo requisito:

x) costi di scouting del giocatore;

xi) Costi per ottenere la registrazione di un giocatore giovanile, come ad esempio eventuali onorari pagati ad un agente / intermediario o ad un altro club;

xii) Spese generali di vendita, amministrative e di altro tipo generali, a meno che tali spese possano essere direttamente attribuite alle attività di sviluppo giovanile;

xiii) Costi dei salari per i dipendenti coinvolti solo in parte nelle attività di sviluppo giovanile (ad esempio, un allenatore che lavora a tempo parziale sulle attività di sviluppo giovanile).

h) Spese per attività di sviluppo della comunità

Un adeguamento appropriato può essere fatto in modo tale che le spese di sviluppo per la comunità siano escluse dal calcolo del risultato di pareggio.

Le spese per le attività di sviluppo della comunità sono le spese direttamente attribuibili (vale a dire se il club non ha intrapreso attività di sviluppo della comunità) ad attività a beneficio pubblico per promuovere la partecipazione allo sport e promuovere lo sviluppo sociale.

Le attività di sviluppo della comunità includono, ma non sono limitate a:

i) Il progresso dell'istruzione;

ii) Il progresso della salute;

iii) Il progresso dell'inclusione sociale e dell'uguaglianza;

iv) la prevenzione o la diminuzione della povertà;

v) il progresso dei diritti umani, la risoluzione di conflitti o la promozione di armonia religiosa o razziale o uguaglianza e diversità;

vi) Il progresso dello sport amatoriale;

vii) il progresso della protezione o del miglioramento ambientale; o

viii) Aiuti concreti nei confronti di chi ne ha bisogno a causa della giovinezza, dell'età, della cattiva salute, della disabilità, delle difficoltà finanziarie o di altri svantaggi.

Le spese direttamente imputabili includono, ma non sono limitate a:

ix) costi dei materiali e dei servizi utilizzati per intraprendere le attività di sviluppo della comunità;

x) costi per salari per i dipendenti interamente coinvolti in attività di sviluppo della comunità;

xi) Donazioni ad altre entità per le quali lo scopo è promuovere la partecipazione allo sport e / o promuovere lo sviluppo sociale.

Se un licenziatario non può identificare separatamente la spesa per attività di sviluppo della comunità da altre spese, tali spese non saranno considerate come spese per attività di sviluppo della comunità. Quanto segue non è considerato come spesa per attività di sviluppo della comunità ai fini di questo requisito:

xii) Spese generali di vendita, amministrative e di altro tipo generali, a meno che tali spese possano essere direttamente attribuite alle attività di sviluppo della comunità;

xiii) Costi dei salari per i dipendenti coinvolti solo in parte nelle attività di sviluppo della comunità (ad esempio, un giocatore che ha una qualche forma di coinvolgimento nelle attività di sviluppo della comunità).

i) Spese per le attività di calcio femminile

Un adeguamento appropriato può essere fatto in modo tale che le spese di calcio per le donne siano escluse dal calcolo del risultato di pareggio.

Le spese per le attività calcistiche femminili si riferiscono alle spese di un licenziatario direttamente attribuibili ad attività di formazione, e sviluppo di dipendenti coinvolti in squadre femminili (vale a dire sarebbe evitato se il licenziatario non intraprendesse attività calcistiche femminili) nel territorio dell'associazione del membro . Le attività di calcio femminile includono, ma non sono limitate a:

i) Organizzazione di un settore di calcio femminile;

ii) Squadre femminili che partecipano a concorsi o programmi ufficiali nazionali, regionali o locali riconosciuti dall'associazione membro.

Le spese direttamente imputabili includono, ma non sono limitate a:

iii) costi dei materiali e dei servizi utilizzati per svolgere attività di calcio femminile, comprese spese di alloggio, spese mediche, tasse scolastiche, viaggio e soggiorno, kit e abbigliamento e noleggio di attrezzature;

iv) Costi per salari ai dipendenti interamente coinvolti in attività calcistiche femminili, quali calciatori e personale tecnico, se il loro impiego da parte del licenziatario è interamente destinato alle attività calcistiche femminili.

Se un licenziatario non può identificare separatamente la spesa per le attività calcistiche femminili da altre spese, tali spese non saranno considerate come spese per le attività calcistiche femminili. Le seguenti non sono considerate spese per le attività di calcio femminile ai fini di questo requisito:

v) costi di scouting del giocatore;

vi) costi per ottenere la registrazione di un giocatore, ad esempio eventuali onorari pagati a un agente / intermediario o ad un altro club;

vii) Spese generali di vendita, amministrative e di altro tipo generali, a meno che tali spese possano essere direttamente imputate alle attività calcistiche femminili;

viii) Costi dei salari per i dipendenti coinvolti solo in parte nelle attività calcistiche femminili (ad esempio, un allenatore che lavora a tempo parziale sulle attività calcistiche femminili).

j) Addebiti / addebiti non monetari

Possono essere apportate le opportune rettifiche in modo tale che gli addebiti / addebiti non monetari siano esclusi dalle spese rilevanti per il calcolo del pareggio.

Gli elementi non monetari (come le immobilizzazioni materiali, le attività immateriali e gli inventari) sono voci che non soddisfano la definizione di elementi monetari.

Le voci monetarie sono definite come unità di valuta detenute e attività e passività da ricevere o da pagare in un numero fisso o determinabile di unità di valuta.

La caratteristica essenziale di un elemento monetario è il diritto di ricevere (o l'obbligo di consegnare) un numero fisso o determinabile di unità di valuta.

Esempi di addebiti / addebiti non monetari includono:

- rivalutazioni al ribasso degli inventari;

- Perdite su valute estere su elementi non monetari.

k) Costi finanziari direttamente attribuibili alla costruzione e modifica sostanziale delle immobilizzazioni materiali

Un licenziatario può escludere dal calcolo del risultato di pareggio qualsiasi costo finanziario direttamente attribuibile alla costruzione e / o modifica sostanziale di un bene da utilizzare per le attività calcistiche del club, a condizione che i costi finanziari siano stati spesati in un periodo di riferimento piuttosto che capitalizzato come parte del costo del bene, fino a quando il bene è pronto per l'uso.

L'importo che può essere rettificato è il costo effettivo degli interessi (non altrimenti capitalizzato) al netto di eventuali redditi da investimenti sull'investimento temporaneo dell'importo preso in prestito rispetto al quale si riferisce l'interesse. Gli interessi rilevanti sono dalla data in cui l'entità sostiene la spesa per l'attività, sostiene gli oneri finanziari e intraprende le attività che sono necessarie per preparare l'attività per l'uso previsto o la vendita, fino alla data di completamento dell'attività.

Dopo il completamento della costruzione e / o la modifica sostanziale di una risorsa, tutti i costi finanziari devono essere inclusi nel calcolo del risultato di pareggio.

l) Costi per migliorie su beni di terzi

Un licenziatario può escludere dal calcolo del risultato di pareggio la costruzione successiva e / o i costi di modifica sostanziale sostenuti su una immobilizzazione materiale che è stata affittata per almeno dieci anni se: tali costi (i) possono essere misurati attendibilmente, (ii) comporterà un flusso di benefici economici futuri verso il licenziatario, (iii) non sono altrimenti capitalizzati.

A scanso di equivoci, il risultato di pareggio deve includere la manutenzione giornaliera e i costi di manutenzione regolari in relazione a specifiche voci di immobili, impianti o attrezzature. Tali costi dovrebbero essere contabilizzati nel conto profitti e perdite.

m) Spese per operazioni non calcistiche non correlate al club

Le spese per le operazioni non di calcio non correlate al club (cioè non correlate alle attività calcistiche, alle sedi o al marchio della squadra di calcio) possono essere escluse dal calcolo delle spese pertinenti.

Le spese per le operazioni non di calcio relative al club (cioè legate alle attività, ai luoghi o al marchio della squadra di calcio) devono essere incluse nel calcolo del pareggio se sono incluse anche le entrate corrispondenti. In questo caso entrambi devono essere inclusi in modo coerente da un periodo di riferimento all'altro.

Per esempi di operazioni non di calcio relative al club, vedere la parte B (1).

D. Elementi non inclusi nel calcolo del risultato di pareggio

I seguenti elementi non sono inclusi nel calcolo del risultato di pareggio:

a) Utile / perdita da cessione e ammortamenti / svalutazioni di immobilizzazioni materiali

L'utile (o la perdita) della cessione di una immobilizzazione materiale è calcolato come il ricavato della vendita (meno i costi sostenuti per la vendita) meno il valore contabile netto (come da stato patrimoniale) del bene alla data della vendita.

L'ammortamento è l'allocazione sistematica del valore ammortizzabile di un'attività lungo la sua vita utile, ovvero il periodo nel quale si prevede che l'attività sarà disponibile per l'uso da parte di un'entità. Una perdita di valore è l'importo per il quale il valore contabile di un'attività materiale eccede il suo valore recuperabile, ossia il maggiore tra il valore equo di un'attività al netto dei costi di vendita e il valore d'uso.

Gli utili / perdite da cessione e gli ammortamenti / svalutazioni di immobilizzazioni materiali in un periodo di riferimento sono esclusi dal calcolo del risultato di pareggio perché l'obiettivo è quello di incoraggiare investimenti e spese su strutture e attività per il beneficio a lungo termine del club.

A scanso di equivoci, qualsiasi costo di ammortamento relativo al diritto d'uso delle risorse (per i leasing operativi) deve essere incluso nel calcolo del risultato di pareggio.

b) Utile / perdita da cessione e ammortamento / deterioramento di attività immateriali diverse dalle registrazioni dei giocatori

Un'attività immateriale è un'attività non monetaria identificabile priva di consistenza fisica (ad esempio, avviamento derivante da una aggregazione aziendale). Un'attività è una risorsa che è controllata dall'entità come risultato di eventi passati (ad esempio, acquisto o autocreazione) e da cui sono attesi benefici economici futuri (afflussi di denaro o di altre attività o costi futuri ridotti).

L'utile (o la perdita) della cessione di un'attività immateriale è calcolato come il ricavato della vendita (meno i costi sostenuti per la vendita) meno il valore contabile netto (come da bilancio) dell'attività alla data della vendita.

L'ammortamento è l'allocazione sistematica del valore ammortizzabile di un'attività lungo la sua vita utile, cioè il periodo nel quale si prevede che l'attività sarà disponibile per l'uso da parte di un'entità. Una perdita di valore è l'importo per il quale il valore contabile di un'attività eccede il suo valore equo dedotti i costi di vendita.

Il profitto / perdita da cessione e ammortamento / perdita di valore di attività immateriali diverse da quelle relative alle registrazioni dei giocatori in un periodo di riferimento è escluso dal calcolo del risultato di pareggio. Tuttavia, se l'attività immateriale genera o genera reddito rilevante, anche il relativo ammortamento / perdita di valore deve essere rilevato come costo rilevante.

A scanso di equivoci, la perdita di smaltimento e l'ammortamento / svalutazione delle registrazioni dei giocatori devono essere inclusi nel calcolo del risultato di pareggio per un periodo di riferimento (cfr. Parte C (d))

c) Entrate / spese fiscali

Le spese fiscali relative all'imposta sul reddito comprendono tutte le imposte nazionali ed estere basate sul reddito imponibile. Il reddito imponibile (perdita fiscale) è l'utile (perdita) per un periodo di riferimento al quale si applicano le imposte sul reddito (recuperabili). Le spese fiscali corrispondono all'importo rilevato per un periodo di riferimento in relazione alle conseguenze fiscali attuali e future delle transazioni e di altri eventi.

Le spese fiscali non comprendono le imposte sul valore aggiunto o i contributi fiscali e previdenziali relativi ai dipendenti.

L'importo dell'imposta - che si tratti di un credito o di un debito nel conto profitti e perdite - è escluso per il calcolo del risultato di pareggio.

E. Contributi da parte di partecipazioni azionarie e / o soggetti collegati

1. La deviazione accettabile può superare i 5 milioni di euro fino all'importo descritto dall'articolo 61, paragrafo 2,

in un periodo di monitoraggio solo se tale eccesso è interamente coperto dai contributi dei partecipanti al capitale di rischio e / o delle parti correlate. Le disponibilità liquide devono essere state ricevute dall'entità che redige il bilancio, pertanto non basta solo una qualche forma di promessa o impegno da parte dei partecipanti al capitale e / o della parte correlata.

2. I contributi dei partecipanti al capitale sono:

Aumento di capitale: pagamenti delle azioni attraverso il capitale o le riserve di sovrapprezzo (cioè investendo in strumenti rappresentativi di capitale nella loro qualità di azionista) meno riduzioni di capitale.

3. I contributi di una parte correlata includono:

a) I soldi ricevuti da una parte correlata come una donazione: è un dono incondizionato fatto all'entità che redige il bilancio da una parte correlata che aumenta il capitale dell'entità che redige il bilancio senza alcun obbligo di rimborso o senza qualsiasi condizione per riceverli indietro. Ad esempio una rinuncia al debito inter-societario o con parti correlate costituisce un contributo in conto capitale, in quanto si traduce in un aumento del patrimonio netto; e / o

b) Operazioni sul reddito da una parte correlata: l'importo da considerare come contributo non sarà superiore a un importo equivalente alla differenza tra il reddito effettivo in un periodo di riferimento e il valore equo delle transazioni in un periodo di riferimento come già riconosciuto nel calcolo del risultato di pareggio (vedi parte B (k)).

4. I seguenti tipi di transazione non sono "contributi da parte degli azionisti e / o parti correlate":

i) movimento positivo delle attività / passività nette derivanti da una rivalutazione;

ii) creazione o aumento del saldo di altre riserve in assenza di contributi da parte dei partecipanti al capitale;

iii) Un'operazione in cui l'entità segnalante (che redige il bilancio) ha una passività in quanto l'entità ha l'obbligo attuale di agire o di eseguire in un determinato modo;

iv) Contributi dei proprietari per strumenti classificati comc passività.

F. Parte correlata, operazioni con parti correlate e fair value della parte correlata

1. Una parte correlata è una persona fisica o giuridica correlata all'entità che sta preparando il proprio bilancio (la "entità segnalante"). Nel considerare ogni possibile relazione con le parti correlate, l'attenzione è rivolta alla so-

stanza della relazione e non semplicemente alla forma legale.

2. Una persona o un membro stretto della famiglia di quella persona (vale a dire quei familiari che potrebbero influenzare o essere influenzati da quella persona nei suoi rapporti con l'entità, compresi i figli e il coniuge o il partner domestico di quella persona, figli del coniuge o il partner domestico di quella persona e le persone a carico di quella persona o il coniuge o il convivente di quella persona) sono collegati a un'entità che redige il bilancio se tale persona:

a) ha il controllo o il controllo congiunto sull'entità che redige il bilancio;

b) ha un'influenza notevole sull'entità che redige il bilancio; o

c) è un membro del personale con responsabilità strategiche dell'entità che redige il bilancio o di una controllante dell'entità che redige il bilancio.

3. Un'entità è collegata a un'entità che redige il bilancio se si verifica una delle seguenti condizioni:

a) L'entità e l'entità che redige il bilancio sono membri dello stesso gruppo (il che significa che ciascuna controllante, sussidiaria e sotto sussidiaria sono collegata alle altre);

b) l'entità e l'entità che redige il bilancio sono controllate, controllate congiuntamente o significativamente influenzate dallo stesso governo o dalla stessa parte;

c) Un'entità ha un'influenza notevole sull'altra entità;

d) Un'entità è una collegata o una joint venture dell'altra entità (o una collegata o una joint venture di un membro di un gruppo di cui l'altra entità è un membro);

e) Entrambe le entità sono joint venture della stessa terza parte;

f) Un'entità è una joint venture di una terza entità e l'altra entità è una società collegata della terza entità;

g) L'entità è controllata o controllata congiuntamente da una persona così come identificata nel paragrafo 2;

h) Una persona identificata nel comma 2 (a) ha un'influenza notevole sull'entità o è un membro del personale con responsabilità strategiche dell'entità (o di una controllante dell'entità);

i) L'entità, o qualsiasi membro di un gruppo di cui fa parte, fornisce servizi di gestione delle risorse chiave all'entità che redige il bilancio.

4. Una transazione con una parte correlata è un trasferimento di risorse, servizi o obbligazioni tra parti correlate, indipendentemente dal fatto che sia stato addebitato un prezzo (gli obblighi di informativa in relazione alle parti correlate e alle operazioni con parti correlate sono definiti nell'allegato VI).

5. Una transazione con una parte correlata può essere o non essere avvenuta al valore equo. Il fair value è l'ammontare al quale un'attività può essere scambiata, o una passività estinta, tra parti consapevoli in una libera transazione. Un accordo o una transazione è considerato "non trattato a condizioni di mercato" se è stato stipulato a condizioni più favorevoli per entrambe le parti dell'accordo rispetto a quanto sarebbe stato ottenuto se non vi fosse stata alcuna relazione con parti correlate.

6. Nelle situazioni in cui il fair value dichiarato della transazione con parti correlate è esaminato dall'Organismo di Controllo Finanziario UEFA, un perito indipendente di terze parti effettuerà una valutazione del valore equo conformemente alle normali prassi di mercato e assegnerà un fair value alla transazione della parte correlata . Il club può scegliere un perito indipendente che è stato approvato dalla UEFA.

In questo caso il perito non deve essere soggetto ad alcun conflitto di interesse con il club (ad esempio, altrimenti attualmente contrattato con il club in qualsiasi altra attività). Il valore assegnato dal perito esterno verrà quindi utilizzato per il calcolo del risultato di pareggio.

7. Ai fini del calcolo del pareggio, il licenziatario deve applicare i seguenti aggiustamenti in relazione al trasferimento della registrazione di un giocatore tra club che sono parti correlate:

a) Per un trasferimento permanente di un giocatore:

- Il club che ha acquistato il giocatore deve calcolare una quota di ammortamento per il periodo di rendicontazione (coerente con i requisiti di cui all'Allegato VII) utilizzando un importo per il costo di acquisizione della registrazione del giocatore che è maggiore del:

i) costo effettivo della transazione per l'acquisizione della registrazione del giocatore, e

ii) dei costi storici dell'acquisizione dell'iscrizione del giocatore nei rendiconti finanziari del club che ha ceduto il giocatore.

Se la quota di ammortamento calcolata è superiore alla quota di ammortamento registrata, deve essere effettuato un aggiustamento appropriato in modo che la differenza tra la quota di ammortamento calcolata e quella registrata sia inclusa come spesa rilevante nel calcolo del pareggio.

Il club che ha ceduto il giocatore deve calcolare un profitto / perdita sulla cessione (coerente con i requisiti di cui all'Allegato VII) utilizzando un importo per i proventi della cessione che è il più basso tra:

iii) i proventi effettivi della transazione a disposizione, e

iv) il valore contabile netto in relazione ai costi di acquisizione della registrazione del giocatore nel proprio bilancio.

Se l'utile calcolato sulla cessione è inferiore all'utile registrato, deve essere effettuato un aggiustamento appropriato in modo che la differenza tra l'utile calcolato e l'utile registrato alla vendita sia esclusa dal reddito pertinente per il calcolo del pareggio. Questa differenza per un importo equivalente può essere riportata come contributo di una parte correlata.

b) Per un trasferimento temporaneo della registrazione di un giocatore

- Il club che ha temporaneamente acquisito in prestito il giocatore deve calcolare un importo di spesa nei confronti del giocatore per il periodo di riferimento utilizzando un importo che è il maggiore tra:

i) il costo effettivo della transazione nel periodo di riferimento e

ii) l'ammontare aggregato della quota di ammortamento in relazione alla registrazione del giocatore e le spese per i benefici per i dipendenti relative al giocatore per il periodo del prestito come registrato nei rendiconti finanziari del club che ha temporaneamente ceduto il giocatore.

Se la spesa calcolata è superiore alla spesa registrata, è necessario effettuare una rettifica appropriata in modo che la differenza tra le spese calcolate e quelle registrate sia inclusa come spesa rilevante nel calcolo del pareggio.

- Il club che ha temporaneamente ceduto in prestito il giocatore deve calcolare un importo di reddito in relazione al giocatore per il periodo di riferimento utilizzando un importo che è il più basso de:

iii) i proventi effettivi delle transazioni nel periodo di riferimento e

iv) l'ammontare aggregato della quota di ammortamento in relazione alla registrazione del giocatore e le spese per i salari per i dipendenti relative al giocatore per il periodo del prestito come registrato nei rendiconti finanziari del club che ha temporaneamente ceduto il giocatore.

Se l'importo del guadagno calcolato è inferiore al reddito registrato, deve essere effettuato un adeguamento appropriato affinché la differenza tra il guadagno calcolato e il reddito registrato sia esclusa dal reddito pertinente per il calcolo del pareggio.

8) Significant influence e fair value. Così Elliott può incidere sul fatturato del club.

Articolo pubblicato sul blog il 15.05.2019

Il Fair Play Finanziario rappresenta un corpus normativo che la UEFA ha istituito per calmierare i debiti dei clubs, almeno apparentemente. Infatti nella sostanza, come il sottoscritto ha già ribadito più volte, dal momento della sua introduzione il FPF ha accentuato le distanze tra i club più ricchi (diventati ancora più ricchi) e quelli più poveri (impossibilitati a competere con i primi).

Tuttavia la UEFA, tra le pieghe del FPF, ha introdotto delle scappatoie che potrebbero notevolmente aiutare l'attuale proprietario del club rossonero. Come infatti abbiamo scoperto grazie ad ***Antonio*** *(Twitter: @MidHedge),* Elliott attualmente possiede quote in 47 società USA ed europee, oltre ad influenzare anche diverse società asiatiche.

Nello specifico, il fondo americano possiede una quota di maggioranza in 7 società (Milan escluso).

Enti in Europa e Svizzera Dati al 22/07/2019
Fonti : Reuters, Bloomberg, Yahoo Finance

Società	% Azioni detenute	Stato	Settore d'attività	Market Cap
Waterstones	Dati non forniti	UK	Commercio di libri al dettaglio	Società non quotata
Bauer S.p.A	100,00%	Hotel & Motel	Italia	Sociéta non quotata
AC Milan S.p.A	99,93%	Italia	Sport	Società non quotata
Credito Fondiario	81,60%	Italia	Servizi finanziari	Società non quotata
AM3D.DE / SLM Solutions	29,80%	Germania	Tecnologia	220,34 MLN €
UN01 / Uniper	17,84%	Germania	Servizi pubblici	10,19 MLD €
AKZO / Akzo Nobel	9,50%	Olanda	Materie prime	19,42 MLD €
TLIT / Telecom Italia	8,85%	Italia	Telecomunicazioni	10,27 MLD €
INTER.AS / Intertrust	6,10%	Olanda	Servizi finanziari	1,65 MLD €
HMSO / Hammerson	5,30%	UK	Servizi immobiliari	2,07 MLD £
SAGA.L / Saga plc	5,14%	UK	Turismo	531,6 MLN £
MCRO / Micro Focus	5,10%	UK	Tecnologia	5,71 MLD £
G1AG / GEA Group	5,00%	Germania	Servizi industriali	3,85 MLD €
WTB / Whitbread	Meno del 5%	UK	Ristorazione	8,13 MLD £
BHP Billiton BLT.L	4,66%	UK	Materie prime	103,37 MLD £
SAPG.DE / SAP	Meno del 3%	Germania	Tecnologia	133,66 MLD €
TKAG / Thyssenkrupp	Meno del 3%	Germania	Materie prime	7,18 MLD €
BAYGn / Bayer	2,10%	Germania	Servizi sanitari	55,37 MLD €
PERP / Pernod Ricard	2,50%	Francia	Alimentari	41,31 MLD €
DUFN / Dufry	0,94%	Svizzera	Commercio al dettaglio	4,28 MLD CHF

Enti in Asia Dati al 22/07/2019
Fonti : Reuters, Bloomberg, Yahoo Finance

Società	% Azioni detenute	Stato	Settore d'attività	Market Cap
Sanko Line	Informazione non diffusa	Giappone	Trasporto navale	Società non quotata
Bank of East-Asia	8,00%	Hong-Kong	Servizi finanziari	64,6 MLD (Dollaro di HK)
Hyundai Motors	3,00%	Corea del Sud	Automobili	32,03 TLN (Won sudcoreano)
Hyundai Mobis	2,50%	Corea del Sud	Automobili	21,54 TLN WSC
KIA Motors	2,10%	Corea del Sud	Automobili	17,18 TLN WSC

Società controllate con quote di maggioranza (Dati al 22/07/2019)
Fonti : SEC, Yahoo Finance, Bloomberg

Società	% Azioni detenute	Settore d'attività	Stato	Market cap ($)
*Barnes & Noble, Inc.	100,00%	Commercio libri al dettaglio	USA	496,65 MLN
Bauer S.p.A	100,00%	Hotel & Motel	Italia	Sociéta non quotata
AC Milan S.p.A	99,93%	Sport	Italia	Sociéta non quotata
RRTS / Roadrunner Transportation Systems, Inc.	90,38%	Logistica	USA	338,12 MLN
Credito Fondiario	81,60%	Servizi finanziari	Italia	Sociéta non quotata
BTU / Peabody Energy Corporation	26,32%	Materie prime	USA	2,55 MLD
OPB / Opus Bank	16,66%	Servizi finanziari	USA	759,14 MLN
ARNC/Arconic	11,57%	Materie prime	USA	10,92 MLD
RILY / B. Riley Financial, Inc.	8,68%	Servizi finanziari	USA	534,5 MLN
Waterstones	Informazione non diffusa	Commercio libri al dettaglio	UK	Sociéta non quotata
Gigamon	Informazione non diffusa	Tecnologia	USA	Sociéta non quotata
Sanko Line	Informazione non diffusa	Trasporto navale	Giappone	Sociéta non quotata

*Il deal Barnes & Noble, Inc. non è ancora completato a tutti gli effetti, l'offerta di Elliott è stata accettata poche settimane fa dall'ente americano

NB : Nonostante, in alcuni casi, la % d'azioni detenute sia inferiore al 30%, il fondo detiene una maggioranza relativa negli enti citati

Capitoli:

- Il concetto di "significant influence" in rapporto col "fair value".
- In che modo Elliott può sfruttare questa normativa a suo vantaggio.

Il concetto di "significant influence" in rapporto col "fair value".

Così come evidenziato all'interno dell'allegato 10, punto F), il FPF limita l'apporto economico delle c.d. "parti correlate". In particolare per la UEFA *"una parte correlata è una persona fisica o giuridica correlata all'entità che sta preparando il proprio bilancio (la "entità segnalante"). Nel considerare ogni possibile relazione con le parti correlate, l'attenzione è rivolta alla sostanza della relazione e non semplicemente alla forma legale."*

I soggetti in questione possono essere due: una **persona fisica oppure una entità giuridica** in qualche modo collegati con la società che redige il proprio bilancio. In particolare leggiamo:

1. *"**Una persona o un membro stretto della famiglia di quella persona** (vale a dire quei familiari che potrebbero influenzare o essere influenzati da quella persona nei suoi rapporti con l'entità, compresi i figli e il coniuge o il partner domestico di quella persona, figli di quella persona il coniuge o il partner domestico e le persone a carico di quella persona o il coniuge o il convivente di quella persona) che sono collegati all'entità che redige il bilancio se quella persona:*
a) ha il controllo o il controllo congiunto sull'entità che

redige il bilancio;
*b) ha un'***influenza notevole** *sull'entità che redige il bilancio; o*
c) è un membro del personale con responsabilità strategiche dell'entità che redige il bilancio o di una controllante dell'entità che redige il bilancio.

2. ***Un'entità è correlata a un'entità che redige il bilancio*** *se si verifica una delle seguenti condizioni:*
a) L'entità (esterna) e l'entità che redige il bilancio sono membri dello stesso gruppo (il che significa che ogni controllante, controllata e consociata è collegata alle altre);
b) l'entità e l'entità che redige il bilancio sono controllate, controllate congiuntamente o significativamente influenzate dallo stesso governo o dalla stessa parte;
*c) Un'entità ha un'***influenza notevole** *sull'altra entità;*
d) Un'entità è una collegata o una joint venture dell'altra entità (o una collegata o una joint venture di un membro di un gruppo di cui l'altra entità è un membro);
e) Entrambe le entità sono joint venture della stessa terza parte;
f) Un'entità è una joint venture di una terza entità e l'altra entità è una collegata della terza entità;
g) L'entità è controllata o controllata congiuntamente da una persona così come identificata nel paragrafo 2;

Com'è possibile notare, i soggetti prima citati possono incidere in qualità di parti correlate in diversi modi. Quello più generico individuato dalla UEFA è la cosiddetta "influenza notevole". Quest'ultima viene interpretata come la *"**capacità di influenzare ma non controllare il processo decisionale della politica finanziaria e operativa. Un'influenza notevole può essere acquisita tramite la proprietà delle azioni, lo statuto o l'accordo tra le parti. A scanso di equivoci, una parte o parti aggregate con la stessa parte controllante** (escludendo la UEFA, un'associazione membro della UEFA e una lega affiliata) **si ritiene abbia un'influenza significativa se fornisce entro un periodo di riferimento un importo equivalente al 30% o più delle entrate totali del licenziatario**" (*definizione di Significant Influence tra i termini previsti nel regolamento FFP*)*.

Per la UEFA una transazione con una parte correlata è un **trasferimento di risorse, servizi o obbligazioni tra parti correlate, indipendentemente dal fatto che sia stato addebitato un prezzo** (gli obblighi di informativa in relazione alle parti correlate e alle operazioni con parti correlate sono definiti nell'allegato VI).

Una transazione con una parte correlata può essere o non essere avvenuta al c.d. "**fair value**" (valore equo). Il fair value è l'ammontare al quale un'attività può essere scambiata, o una passività estinta, tra parti consapevoli in una libera transazione. Un accordo o una transazione è considerato come "non trattato a condizioni di mercato" se è stato stipulato a condizioni più favorevoli per entrambe le parti dell'accordo rispetto a quanto sarebbe stato ottenuto se non vi fosse stata alcuna relazione con parti correlate.

In tutti i casi in cui il fair value dichiarato della transazione con parti correlate viene esaminato dall'Organismo di Controllo Finanziario UEFA, un **valutatore indipendente di terze parti effettuerà una valutazione del valore equo conformemente alle normali prassi di mercato e assegnerà un fair value alla transazione della parte correlata. Il club può scegliere un valutatore indipendente di terze parti che è stato approvato dalla UEFA**. In questo caso il valutatore di terze parti non deve essere soggetto ad alcun conflitto di interesse con il club che lo ha scelto (ad esempio, se ha già contrattato con il club in qualsiasi altra attività). **Il valore assegnato dal valutatore esterno verrà quindi utilizzato per il calcolo del risultato di pareggio.**

In che modo Elliott può sfruttare questa normativa a suo vantaggio.

Come illustrato in apertura, il fondo americano attualmente detiene percentuali in numerose società di capitali americane, europee ed asiatiche. In tutte quelle aziende in cui Elliott NON possiede una quota di maggioranza (la maggior parte) l'apporto che potrebbe dare al club rossonero – influenzando queste società – non potrebbe superare il 30% delle entrate totali relative all'ultimo bilancio approvato dal Milan.

Quindi, ad esempio, se Elliott dal 1 luglio 2019 volesse sfruttare queste società per stipulare accordi con il club rossonero, **dato che l'ultimo bilancio approvato dal Milan è quello chiuso al 30 giugno 2018, che ha generato 213M di ricavi, il fondo americano potrà incidere sul bilancio 19/20 per ben 63,9M (il 30% di 213M).**

Allo stesso modo, **nelle società dove addirittura Elliott è in una situazione di controllo, l'apporto del fondo con le sue parti correlate non potrà mai superare il limite del "fair value"**, ossia il valore di mercato definito dall'azienda terza individuata dalla UEFA o comunque scelta dal club ma approvata dalla UEFA. Appare il caso di sottolineare che, a parere dello scrivente, vi è una chiara **commistione di ruoli**. Infatti non sembra equa o imparziale la scelta di lasciare alla UEFA la decisione di approvare la società valutatrice dell'accordo commerciale ai fini del fair value. Soprattutto se poi quella scelta influenzerà la decisione della stessa UEFA relativamente al rispetto del Break Even result.

Volendo tirare le fila del discorso, si può affermare che le sponsorizzazioni tramite parti correlate devono sempre rispettare i valori di mercato e, in particolare, gli accordi commerciali con società in cui il proprietario (del club calcistico) ha una influenza significativa, non possono superare il 30% dei ricavi complessivi (del cub calcistico).

9) Le informazioni sul pareggio di bilancio: i sei campanelli d'allarme, il bilancio previsionale e la soddisfazione dei requisiti di pareggio.

Nell'edizione 2018 del FFP sono state introdotte delle novità, in particolare troviamo la nuova nozione di "Net debt", contenuta nell'articolo 3, che comprende i debiti fiscali e previdenziali rateizzati non correnti.

Inoltre sono stati aggiunti 3 indicatori all'interno dell'articolo 62: iv) Indicatore 4: Indicatore di debito sostenibile per T-1; v) Indicatore 5: Indicatore di debito sostenibile per T; vi) Indicatore 6: saldo della campagna trasferimenti.

Ciò detto, entro la scadenza e nella forma comunicata dalla UEFA, il licenziatario deve preparare e inviare:

a) le informazioni di pareggio per il periodo di riferimento T-1;

b) le informazioni di pareggio per il periodo di riferimento T-2, se non già presentate in precedenza;

c) le informazioni di pareggio per il periodo di riferimento T, se ha violato uno degli indicatori definiti nel paragrafo 3 seguente.

Le informazioni di pareggio devono:

a) riguardare lo stesso perimetro di rendicontazione di quello per le licenze dei club definito all'articolo 46bis;

b) essere approvate dal management, come evidenziato da una breve dichiarazione che conferma la completezza e l'accuratezza delle informazioni e la firma per conto dell'organo esecutivo del licenziatario.

Se un licenziatario presenta una delle condizioni descritte dagli indicatori da 1 a 6 (c.d. campanelli d'allarme, ndr) viene considerato in violazione dell'indicatore:

i) Indicatore 1: continuità aziendale

La relazione del revisore in merito ai rendiconti finanziari annuali per il periodo di riferimento T-1 e/o bilanci intermedi (se applicabile) presentati in conformità agli articoli 47 e 48 include, per quanto riguarda la continuità aziendale, un problema chiave o un parere qualificato /conclusione in tal senso.

ii) Indicatore 2: Posizione Finanziaria Netta negativa

I rendiconti finanziari annuali (ossia il periodo T-1 di rendicontazione) presentati a norma dell'articolo 47 illustrano una posizione debitoria netta deteriorata rispetto al dato comparativo contenuto nel bilancio annuale precedente (ossia il periodo di riferimento T-2), o i bilanci intermedi presentati a norma dell'articolo 48 illustrano una posizione debitoria netta deteriorata rispetto al dato comparativo alla precedente data di chiusura prevista dalla legge (ossia il periodo di riferimento T-1).

iii) Indicatore 3: risultato di pareggio

Il licenziatario segnala un disavanzo ai sensi dell'articolo 60 per uno o entrambi i periodi di riferimento T-1 e T-2.

iv) Indicatore 4: indicatore di debito sostenibile per T-1

Alla fine del periodo T-1, il debito relativo è superiore a 30 milioni di EUR ed è superiore a 7 volte la media dei guadagni rilevanti di T-1 e T -2.

In questo contesto, il debito e i guadagni rilevanti sono calcolati come segue:

- Il **debito rilevante** è calcolato come il debito netto meno l'importo del debito direttamente attribuibile alla costruzione e / o alla modifica sostanziale dello stadio e / o alle strutture di formazione dall'inizio del debito fino a 25 anni dopo la data in cui l'attività è dichiarata pronta per l'uso.

- I **guadagni rilevanti** per un periodo di rendicontazione sono calcolati come la somma delle entrate totali (calcolate come per il risultato di pareggio) e il risultato netto dei trasferimenti del giocatore meno le spese operative totali (calcolate come per il risultato di pareggio).

v) Indicatore 5: indicatore di debito sostenibile per T

Alla fine del periodo di riferimento T, il debito pertinente (come definito sopra per l'indicatore 4) è superiore a 30 milioni di EUR ed è superiore a 7 volte la media dei relativi utili (come definito sopra per l'indicatore 4) di T, T1 e T-2.

vi) Indicatore 6: saldo della campagna trasferimenti

Il licenziatario segnala un deficit di trasferimento di giocatori superiore a 100 milioni di EUR in qualsiasi periodo di campagna trasferimenti durante la stagione della validità della licenza. In questo contesto, il saldo di trasferimento del giocatore rispetto a un periodo di registrazione è calcolato come il complesso di:

- i costi complessivi per l'acquisizione della registrazione di ogni giocatore in relazione a tutte le registrazioni di nuovi ed esistenti giocatori, essendo tutti tali costi pagati e/o pagabili, e

- i proventi complessivi del trasferimento della registrazione di un giocatore, trattandosi di tutti i proventi ricevuti e / o ricevibili (al netto di eventuali costi diretti di cessione).

Se il totale dei costi sostenuti supera il totale dei proventi generati in un periodo di registrazione, allora il club ha un deficit di trasferimento del giocatore.

Per gli indicatori 4 e 5 di cui sopra, il rapporto dell'indicatore, fissato a 7 per i periodi di monitoraggio valutati nelle stagioni di licenza 2018/19, 2019/20 e 2020/21, sarà fissato ad un livello inferiore, come deciso a tempo debito dal Comitato esecutivo UEFA per i periodi di monitoraggio valutati nelle successive stagioni di licenza.

Inoltre, l'Organo di Controllo Finanziario UEFA Club si riserva il diritto di chiedere al licenziatario di preparare e presentare le informazioni di pareggio per il periodo di riferimento T e **ulteriori informazioni** in qualsiasi momento, in particolare **se il bilancio annuale riflette che**:

a) le spese per i dipendenti superano il 70% delle entrate totali; o

b) l'indebitamento netto supera il 100% delle entrate totali.

Il requisito di pareggio per l'attuale periodo di monitoraggio è soddisfatto se il licenziatario ha:

- o un avanzo di pareggio aggregato per i periodi di riferimento T-2, T-1 e T;

- o un disavanzo di pareggio aggregato per i periodi di segnalazione T-2, T-1 e T che rientri nella deviazione accettabile, avendo anche tenuto conto dell'eventuale eccedenza risultante dalla somma dei risultati di pareggio nei periodi di segnalazione T -3 e T-4.

Il requisito di pareggio per il periodo di monitoraggio previsto è soddisfatto se il licenziatario ha:

- o un avanzo di pareggio aggregato per i periodi di riferimento T-1, T-1 e T + 1;

- o un disavanzo di pareggio aggregato per i periodi di segnalazione T-1, T e T + 1 che rientri nella deviazione accettabile, tenendo conto anche dell'eccedenza (se presente) risultante dalla somma dei risultati di pareggio nei periodi di segnalazione T -2 e T-3.

10) Saldo trasferimenti pari a 100M: l'ultima trovata con cui il FFP ingabbia la libertà d'impresa.

Articolo pubblicato sul blog il 15.5.2019

In data 24 maggio 2018 il comitato esecutivo della UEFA ha varato il nuovo regolamento del Fair Play Finanziario. Le modifiche rispetto al precedente regolamento sono diverse, ma quelle più importanti le troviamo nell'art. 63 comma 3. Di questo ne ho già parlato in un articolo precedente, per cui oggi mi soffermerò ad approfondire l'aspetto più pernicioso del nuovo regolamento: il saldo del calciomercato.

Nel nuovo FFP, infatti, troviamo l'ennesima diavoleria contabile che la UEFA ha introdotto per limitare la capacità di spesa dei club. L'indicatore 6) contenuto nell'art. 63, comma 3, spiega bene il concetto:

"vi) Indicatore 6: saldo della campagna trasferimenti

Il licenziatario segnala un deficit di trasferimento di giocatori superiore a 100 milioni di EUR in qualsiasi periodo di campagna trasferimenti durante la stagione della validità della licenza. In questo contesto, il saldo di trasferimento del giocatore rispetto a un periodo di registrazione è calcolato come il complesso di:

– i costi complessivi per l'acquisizione della registrazione di ogni giocatore in relazione a tutte le registrazioni di nuovi ed esistenti giocatori, essendo tutti tali costi pagati e / o pagabili, e

– i proventi complessivi del trasferimento della registrazione di un giocatore, trattandosi di tutti i proventi ricevuti e / o ricevibili (al netto di eventuali costi diretti di cessione).

Se il totale dei costi sostenuti supera il totale dei proventi generati in un periodo di registrazione, allora il club ha un deficit di trasferimento del giocatore."

La novità, dunque, risiede nel fatto che qualsiasi club qualificato ad una competizione organizzata dalla UEFA, se non vuole violare il succitato indicatore 6), non può avere un deficit da calciomercato superiore a 100M. **Ciò vuol dire che la somma di tutti i costi e di tutte le entrate relative alla campagna acquisti in ciascuna sessione di mercato sarà limitata ad un disavanzo massimo di 100M.**

Ma in che modo a Nyon calcolano i costi e le entrate da calciomercato? Per capirlo bisogna analizzare il toolkit operativo, ediz. 2018, che a pag. 19 sgombra il dubbio.

La UEFA ha predisposto delle tabelle che illustrano le voci che ogni club deve riportare per mostrare quanto ha speso o incassato nella relativa finestra di mercato.

Giocatori in entrata sono coloro i quali sono stati trasferiti e/o registrati (compresi i prestiti) con il club in qualsiasi momento entro il periodo di registrazione del giocatore (cioè la finestra di trasferimento). Ciò include anche la registrazione di giocatori senza contratto, giocatori che ritornano dal prestito così come i giocatori giovani che firmano il loro primo contratto professionistico.

Per tutte le registrazioni dei giocatori trasferiti durante il periodo di registrazione pertinente, le informazioni riguardano:

- **Nome del giocatore**: il nome del giocatore comc mostrato sul documento di registrazione del giocatore.

- **Ex club**: nome del club precedente da cui è stata trasferita la registrazione del giocatore in modo permanente o in prestito.

- **Data del trasferimento**: la data in cui la registrazione del giocatore è stata trasferita al club di acquisizione. Per i trasferimenti internazionali, questa data dovrebbe essere la stessa di quella inserita nel sistema di trasferimento di corrispondenza della FIFA ("TMS") nel formato gg/mm/aaaa.

- **Costi sostenuti**: costi della commissione di trasferimento dell'acquisizione dell'iscrizione di un giocatore sostenuti durante il periodo di registrazione del giocatore, quali importi pagati e/o pagabili per compensazione del trasferimento, compensazione del trasferimento condizionale realizzata e compensazione di solidarietà / formazione. Questo saldo viene calcolato automaticamente.

- **Valuta di trasferimento** ("TC"): valuta dei debiti come specificato nel contratto di trasferimento o di prestito con l'ex club.

- **Importo non soggetto a condizioni** (da inserire in TC); l'importo originale pagato e/o pagabile non soggetto alle condizioni dell'ex club da cui è stata trasferita in modo permanente o in prestito la registrazione del giocatore.

- **Importo soggetto a condizioni** (da inserire in TC); eventuali importi condizionali concordati con l'ex club del giocatore realizzati nel periodo di registrazione del giocatore. A ciò vanno aggiunti inoltre eventuali importi condizionali non ancora realizzati (che sono indicati, ma non sono inclusi nella commissione di trasferimento sostenuta).

- **Descrizione** (elencare tutte le condizioni); breve riassunto delle condizioni allegate nel contratto.

- **Compensazione della formazione e contributo di solidarietà** (da inserire in TC); l'importo totale pagato e/o pagabile in relazione a "Compensazione formazione/solidarietà" in relazione al trasferimento.

- **Reporting / Valuta locale** ("LC"): valuta utilizzata per i rendiconti finanziari del club.

- **Altri costi diretti** (da inserire in LC): l'importo totale delle altre spese dirette pagate e/o pagabili dal club a terzi in relazione al trasferimento della registrazione di un giocatore, ma escluse le somme pagate/pagabili ad altre società calcistiche ed escluse le somme pagate/pagabili agli agenti (che sono richieste separatamente).

- **Spese per gli agenti** (da inserire in LC): l'importo totale delle tasse pagate e/o pagabili dal club agli agenti/intermediari in relazione al trasferimento della registrazione di un giocatore. Questo importo esclude eventuali debiti potenziali. Questo importo include tutte le tasse pagate/pagabili dal club a un agente/intermediario per conto del giocatore interessato.

Per quanto riguarda invece i **giocatori in uscita**, quest'ultimi sono giocatori professionisti che sono stati trasferiti o che hanno lasciato il club per qualsiasi altra ragione in qualsiasi momento entro il periodo di registrazione del giocatore. La UEFA pretende che vengano comunicate tali informazioni:

- **Nome del giocatore**: il nome del giocatore come mostrato sul documento di registrazione del giocatore.

- **Nuovo club**: nome del nuovo club al quale la registrazione del giocatore è stata trasferita in modo permanente o in prestito.

- **Data del trasferimento**: la data in cui la registrazione del giocatore è stata trasferita nel nuovo club. Per i trasferimenti internazionali, questa data dovrebbe essere la stessa di quella inserita nel Sistema di corrispondenza trasferimento ("TMS") della FIFA nel formato gg/mm/aaaa.

- **Trasferimento dei proventi**: il ricavo della commissione di trasferimento del trasferimento di un giocatore durante il periodo di registrazione del giocatore, quali importi ricevuti e/o ricevibili per compensazione del trasferimento, compensazione del trasferimento condizionale realizzata e indennità di solidarietà/formazione dovuti al club. Questo saldo verrà calcolato automaticamente.

- **Valuta di trasferimento** ("TC"): valuta del credito come specificato nel contratto di trasferimento o di prestito con il nuovo club.

- **Importo incondizionato** (da inserire in TC): l'importo originario ricevuto e/o ricevibile non soggetto a condizioni dal nuovo club a cui è stata trasferita in modo permanente o in prestito la registrazione del giocatore.

Se l'acquirente / il nuovo club può trattenere dal trasferimento totale una parte o tutta la quota di formazione e indennizzo dovuta ad altri club, solo l'importo del trasferimento netto deve essere segnalato. Una breve descrizione deve essere fornita.

- **Importo soggetto a condizione** (da inserire in TC); eventuali importi concordati con il nuovo club del giocatore che sono soggetti a condizioni alla data della firma del contratto come segue:

Se l'acquirente/il nuovo club può trattenere da importi condizionali una parte o tutta la quota di formazione e indennizzo dovuta ad altri club, deve essere segnalato solo l'importo del trasferimento netto. Una breve descrizione deve essere fornita.

* **Importo realizzato**: qualsiasi importo ricevuto o esigibile relativo a una condizione che è stata soddisfatta dalla fine del precedente periodo di registrazione o durante il periodo di registrazione del giocatore.

* **Importo non realizzato**: qualsiasi importo potenzialmente ricevuto relativo a una condizione non ancora completata durante il periodo di registrazione del giocatore. Questo saldo non è incluso nel calcolo dei proventi del trasferimento.

- **Descrizione** (elencare tutte le condizioni): breve sommario delle condizioni allegate al contratto e/o indicare la percentuale della commissione di partecipazione agli utili se esiste una clausola sell-on e/o una percentuale di detrazione concordata come tariffa condivisa per la formazione e il risarcimento.

- **Compensazione della formazione e contributo di solidarietà** (da inserire in TC): l'importo netto ricevuto e/o da ricevere in relazione a "Compensazione formazione/solidarietà" alla data della firma del contratto. È necessario segnalare solo l'importo di proprietà del club. Se questi importi devono essere pagati ad altri club e sono solo transitati attraverso i conti del club, non devono essere segnalati.

- **Segnalazione di valuta o valuta locale** ("LC"): valuta utilizzata per i rendiconti finanziari del club.

- **Altri costi diretti** (da inserire in LC): l'importo totale delle tasse pagate e/o pagabili dal club a terzi in relazione al trasferimento della registrazione di un giocatore, ma escluse le somme pagate/pagabili agli agenti (che sono richiesti separatamente).

- **Spese per gli agenti** (da inserire in LC): l'importo totale delle tasse pagate e/o pagabili dal club a un agente/intermediario in relazione al trasferimento della registrazione di un giocatore. Questo importo esclude eventuali debiti potenziali. Questo importo include tutte le tasse pagate/pagabili dal club a un agente/intermediario per conto del giocatore interessato.

- **Passività di vendita**: (da inserire in LC): l'importo totale delle commissioni pagate e/o pagabili dal club al club precedente del giocatore in relazione al trasferimento della registrazione di un giocatore. Questo è detratto dai proventi del trasferimento.

Cosa accade se il deficit da calciomercato supera i 100M?

Nel caso in cui il club violi uno dei sei indicatori compresi nell'art. 63 comma 3 del nuovo FPF, incluso quello riguardante il saldo calciomercato, la società deve trasmettere alla UEFA anche il c.d. "Projected break-even" e "Projected monitoring period", in buona sostanza un previsionale del successivo bilancio e del successivo, conseguente, monitoraggio.

A chiarirlo sono gli artt. 63 e 64 del FPF che sanciscono quanto segue:

"Art. 63 – Informazioni di pareggio "previsionali" (Projected Break-even information)

"1. Se il licenziatario viola gli indicatori di cui all'articolo 62, comma 3, deve preparare e presentare le

informazioni di pareggio previste entro il termine e nella forma comunicata dall'amministrazione UEFA.

2. Le informazioni di pareggio previste devono coprire il periodo di 12 mesi che inizia immediatamente dopo la data di chiusura prevista per legge del periodo di riferimento T (di seguito: periodo di riferimento T + 1).

3. Le informazioni di break-even previste devono consistere in:

a) un preventivo di conto profitti e perdite;

b) un risultato di pareggio previsto in base al conto profitti e perdite preventivato includendo gli aggiustamenti per calcolare le entrate e le spese rilevanti;

c) un flusso di cassa preventivato;

d) un preventivo di Stato Patrimoniale; e

e) note esplicative, incluse ipotesi che non sono irragionevoli, rischi e un confronto con il periodo di riferimento T.

4. Le informazioni di pareggio previsionali devono essere preparate in modo coerente con i bilanci annuali certificati e seguire gli stessi principi contabili applicati per la preparazione del bilancio annuale, fatta eccezione per le modifiche apportate alla politica contabile dopo la data dell'ultimo bilancio annuale che devono essere riflesse nel successivo bilancio annuale – nel qual caso i dettagli delle modifiche devono essere resi noti.

Art. 64 – Soddisfazione del requisito di pareggio.

1. Il requisito di pareggio è soddisfatto se il licenziatario ha, per il periodo di monitoraggio corrente e, se applicabile, per il periodo di monitoraggio previsionale:

a) un avanzo di pareggio aggregato; o

b) un disavanzo aggregato di pareggio che rientra nella deviazione accettabile.

2. Il requisito di pareggio non è soddisfatto se il licenziatario presenta un disavanzo di pareggio aggregato per il periodo di monitoraggio corrente o, se applicabile, per il periodo di monitoraggio previsto che supera lo scostamento accettabile."

Dalla lettura combinata degli artt. 63 e 64 del FFP è possibile comprendere che **la violazione di uno degli indicatori nell'art. 63, compreso quello del saldo trasferimenti pari a 100M, non comporterà mai un'automatica esclusione dalle coppe**. In realtà, quindi, qualora un club faccia scattare uno di quei 6 "campanelli d'allarme", la UEFA pretenderà un bilancio previsionale ("Projected break-even information") della successiva stagione ed un monitoraggio previsionale ("Projected monitoring period") del successivo triennio monitorato. **Se dall'analisi di questi due previsionali emergerà una violazione della regola generale del requisito di pareggio ("Break-Even requirement") allora scatterà il deferimento della Camera Investigativa alla Camera Giudicante.**

Ovviamente le grandi squadre che fatturano centinaia di milioni all'anno (es. Real Madrid, Barca, Manchester UTD, Bayern, ecc) e che sono sempre state in regola con i monitoraggi pregressi, potranno anche sforare l'indicatore relativo al saldo trasferimenti. Infatti questa unica violazione non determinerà una rottura del generale requisito di pareggio, giacché i bilanci precedenti hanno sempre rispettato la Break-Even Rule. Quindi nel momento in cui costoro invieranno alla UEFA i previsionali richiesti, non avranno difficoltà a dimostrare il rispetto della regola generale (-30M nell'ultimo triennio). Il rischio concreto, invece, è che la violazione dell'indicatore relativo al calciomercato possa far scattare una delle sanzioni disciplinari previste dal codice procedurale del FPF (che vanno dal richiamo alla multa, fino all'esclusione) soltanto per quelle squadre che ancora non sono in regola con i requisiti del FFP (es. Milan). Una ulteriore ed assurda limitazione alla libertà d'impresa che devono sopportare quei club che vogliono giocare le competizioni organizzate dalla UEFA e che vogliono rilanciarsi in tempi brevi.

11) Altri fattori da considerare in relazione ai requisiti di monitoraggio.

Così come riporta l'allegato XI del FFP, vi sono infine altri fattori, ai sensi dell'articolo 68, che l'organismo di controllo finanziario dei club UEFA deve prendere in considerazione in relazione ai requisiti di pareggio.

Tali fattori includono, a titolo esemplificativo ma non esaustivo, quanto segue:

a) Il quantum e la tendenza del risultato di pareggio

Quanto maggiore è il valore di un deficit di pareggio rispetto al reddito rilevante di un licenziatario, in un periodo di riferimento o in aggregato per un periodo di monitoraggio, tanto meno favorevole sarà la valutazione. Una tendenza al miglioramento dei risultati annuali di pareggio sarà considerata più favorevole di un trend in peggioramento.

b) Risultato di pareggio aggregato previsionale

Nell'ambito della sua valutazione dell'attuale periodo di monitoraggio, l'organismo di controllo finanziario del Club UEFA può rivedere il risultato aggregato di pareggio previsto per i periodi di rendicontazione T-1, T e T +1. Un risultato di pareggio aggregato previsionale che rientra nella deviazione accettabile per i periodi di rendicontazione T-1, T e T + 1 sarà considerato favorevolmente.

Inoltre, l'Organo di Controllo Finanziario dei Club UEFA può anche rivedere il piano aziendale a lungo termine del licenziatario (comprese le informazioni sul pareggio futuro fino al periodo di riferimento T + 4) al fine di valutare meglio la strategia del club.

Come parte della sua valutazione, l'organo di controllo finanziario del Club UEFA può prendere in considerazione l'accuratezza del budget, cioè il risultato di pareggio del licenziatario per un periodo di riferimento che può essere paragonato alle informazioni di pareggio previonali come precedentemente presentate.

c) Impatto della conversione dei conti nella moneta di conto locale in euro

Se i tassi di cambio sono mutati in modo tale da incidere negativamente sul risultato di pareggio del licenziatario in euro per un periodo di riferimento o in aggregato in un periodo di monitoraggio, rispetto alla valuta utilizzata dal licenziatario per i suoi bilanci annuali, verrà preso in considerazione l'impatto delle variazioni dei tassi di cambio.

Se il risultato di pareggio per il periodo di monitoraggio in valuta locale è positivo, in linea di principio il licenziatario non dovrebbe essere sanzionato.

A scanso di equivoci, questo fattore attenuante non affronta l'impatto delle differenze di cambio (utili e/o perdite su cambi rilevati nei bilanci annuali) derivanti da transazioni denominate in valuta estera ma unicamente nella conversione del risultato di pareggio da valuta di rendicontazione locale in euro.

d) Situazione del debito

Ulteriori informazioni possono anche essere richieste al licenziatario in relazione alla sua situazione debitoria. Ciò può includere aspetti quali la fonte del debito, la capacità di soddisfare interessi e pagamenti del capitale, la conformità al patto del debito e il profilo di scadenza del debito.

Come parte delle sue considerazioni, **l'Organo di Controllo Finanziario dci Club UEFA può valutare tra l'altro i seguenti indici di indebitamento per valutare la struttura del capitale e la capacità di rimborsare il debito di un club**:

i) <u>Grado di leva finanziaria</u>: il livello di indebitamento relativo ai ricavi e alle attività sottostanti;

ii) <u>Redditività e copertura</u>: il livello dei ricavi relativo ai costi di rimborso del debito;

iii) <u>Adeguatezza del flusso di cassa</u>: la capacità di coprire sia gli interessi che i rimborsi del capitale.

e) *Forza maggiore*

Come parte delle sue considerazioni, l'Organo di Controllo Finanziario dei Club UEFA può anche prendere in considerazione eventi o circostanze straordinarie al di fuori del controllo del club che sono considerati un caso di forza maggiore.

f) Cambiamenti importanti e imprevisti nel contesto economico

Come parte delle sue considerazioni, l'Organo di Controllo Finanziario dei Club UEFA può anche prendere in considerazione l'impatto finanziario quantificabile sul club relativo ad eventi economici nazionali straordinari che sono temporanei e considerati al di là delle fluttuazioni generali del contesto economico. Tali eventi sono al di fuori del controllo del club e quest'ultimo non ha alcuna ragionevole possibilità di mitigare il significativo impatto finanziario negativo.

g) Operare in un mercato strutturalmente inefficiente

Come parte delle sue considerazioni, l'Organo di Controllo Finanziario dei Club UEFA può valutare se il licenziatario opera in un mercato calcistico strutturalmente inefficiente.

L'inefficienza di un mercato calcistico (definito come il territorio di un'associazione membro della UEFA) è determinata dall'amministrazione UEFA su base annua mediante un'analisi comparativa dei ricavi totali dei club di punta e dei proventi dei diritti di trasmissione relativi alla popolazione del territorio dell'associazione membro dell'UE interessata.

h) Limite della dimensione della squadra

Nel valutare i requisiti di monitoraggio, l'organismo di controllo finanziario del club UEFA prenderà in considerazione le dimensioni della squadra del licenziatario e potrà valutare più favorevolmente i licenziatari che hanno utilizzato un massimo di 25 giocatori (esclusi i giocatori di età inferiore ai 21 anni) tra uno qualsiasi dei due periodi di registrazione annuali (come specificato nei regolamenti FIFA sullo status e il trasferimento dei giocatori) prima e/o durante le competizioni nazionali attraverso cui hanno avuto la possibilità di qualificarsi per una competizione UEFA per club prima della stagione di licenza.

12) Il Voluntary Agreement: l'istituto creato e mai applicato.

Nel regolamento generale del FFP, all'interno dell'allegato XII, è presente la disciplina inerente l'accordo volontario, meglio conosciuto come Voluntary Agreement. Questo istituto, inizialmente non presente nel FFP, è stato successivamente inserito principalmente per agevolare quei club che subiscono un *change of control*, ossia un cambio di proprietà. Si tratta sostanzialmente di un'autodenuncia con cui il club ammette, da un lato, di non essere in regola ma, dall'altro, di voler approfittare dei vantaggi dell'accordo volontario che, non a caso, si trova nel regolamento del FFP e non all'interno delle regole procedurali, come invece il Settlement Agreement (di cui parleremo più avanti e che scatta a seguito di un controllo della Camera investigativa, quindi all'interno del normale monitoraggio annuale).

Ciò premesso, la UEFA, almeno teoricamente, con la disciplina del VA ha voluto concedere la possibilità ai nuovi proprietari di poter investire con maggiore libertà, all'interno di un accordo a maglie più larghe rispetto alle normali prescrizioni del FFP.

Nella realtà dei fatti, però, almeno fino ad oggi questo accordo non è stato mai concesso a nessuno perché prevede degli adempimenti molto complicati.

Il procedimento di richiesta del VA

Un club può presentare domanda alla Camera investigativa dell'organismo di controllo finanziario del Club UEFA per stipulare un accordo volontario al fine di soddisfare il requisito di pareggio.

Un club può presentare domanda per stipulare un accordo volontario se:

i) è stata concessa una licenza valida per partecipare alle competizioni UEFA per club dal proprio concessore di licenze nazionale, ma non si è qualificata per una competizione UEFA per club nella stagione che precede l'entrata in vigore dell'accordo volontario; o

ii) si è qualificato per una competizione UEFA per club e soddisfa il requisito di pareggio nel periodo di monitoraggio che precede l'entrata in vigore dell'accordo volontario; o

iii) è stato oggetto di un cambiamento significativo di proprietà e / o controllo nei 12 mesi precedenti la scadenza della domanda.

3. Il club non deve aver aderito a un accordo volontario (come definito nel presente allegato) o essere soggetto a una misura disciplinare o un accordo transattivo (come previsto nelle norme procedurali che disciplinano l'organi-

smo di controllo finanziario dei club UEFA) nell'ultimo periodo di riferimento.

Un accordo volontario può coprire diversi periodi di segnalazione e comprende una serie strutturata di obblighi che sono adattati individualmente alla situazione del club, obiettivi di pareggio definiti come risultati di pareggio annuali e aggregati per ciascun periodo di riferimento coperto dall'accordo e qualsiasi altro obbligo concordato con la camera investigativa dell'organismo di controllo finanziario del Club UEFA.

Il termine ultimo per la presentazione delle domande è il 31 dicembre precedente la stagione di licenza in cui entrerà in vigore l'accordo volontario.

Quando si richiede un accordo volontario, il club deve:

a) presentare un piano aziendale a lungo termine, costituito da un bilancio, un conto profitti e perdite e un rendiconto finanziario che deve basarsi su ipotesi ragionevoli e prudenti, nella forma comunicata dall'amministrazione UEFA, comprese le informazioni sul futuro pareggio di bilancio;

b) dimostrare la capacità di continuare come azienda almeno fino alla fine del periodo coperto dall'accordo volontario;

c) presentare un / i impegno / i irrevocabile / i da parte di un / i partecipante / i azionario / i e / o una parte / i correlata / i per fornire contributi necessari per un importo almeno pari al futuro deficit aggregato per tutti i periodi di riferimento coperti dall'accordo volontario. Questo impegno irrevocabile deve essere evidenziato mediante un accordo legalmente vincolante tra il licenziatario e il partecipante al capitale e / o la parte correlata e, se richiesto dalla camera di indagine dell'organismo di controllo finanziario del Club UEFA, deve essere assicurato anche mediante:

i) pagamenti in un conto vincolato, o

ii) altra forma di garanzia ritenuta soddisfacente dalla Camera di investigazione dell'Organismo di controllo finanziario UEFA per club (ad esempio una garanzia di un'altra società nella struttura legale del gruppo al di fuori del perimetro di segnalazione);

d) dimostrare la capacità di raggiungere gli obiettivi e gli obblighi concordati con la camera investigativa dell'organismo di controllo finanziario del Club UEFA.

La Camera investigativa dell'organismo di controllo finanziario del Club UEFA esamina ogni domanda ed è libera di concludere o meno l'accordo volontario corrispondente.

La Camera investigativa dell'organismo di controllo finanziario del Club UEFA controlla l'attuazione corretta e tempestiva degli accordi volontari.

I club vincolati da un accordo volontario:

a) si impegnano a fornire all'amministrazione UEFA informazioni tempestive che dimostrino la loro conformità a tutti gli obblighi inclusi nell'accordo volontario;

b) possono essere soggetto a misure disciplinari da parte dell'Ufficio investigativo o della camera giudicante di controllo finanziario del Club UEFA, come previsto nelle norme procedurali che disciplinano il FFP, se non rispettano i termini del loro accordo volontario.

13) Voluntary Agreement e Settlement Agreement: che futuro ci aspetta?

Articolo pubblicato sul blog il 4.11.2017

Come molti ricorderanno lo scrivente, con l'aiuto di Raffaele Greco, in estate ha realizzato un articolo con cui tentava di elaborare e sviluppare un business plan da consegnare alla UEFA relativamente al Voluntary Agreement.

Assodato che - sulla base dei risultati ottenuti dalla squadra - quel piano sarà stato certamente rivisto da Fassone e considerato che già all'epoca sono stato abbastanza prudente, è presumibile immaginare che il nuovo piano prevederà nel corso del primo anno una maggior incidenza del Player Trading, dovuta alla cessione di un "big" nel caso in cui non dovessimo qualificarci per la Champion's League.

Ciò detto, se riuscissimo ad accedere al Voluntary Agreement avremmo un fondamentale ***ius primae noctis*** su un istituto fino ad ora mai utilizzato da nessun altro club. Da quello che leggo, tuttavia, **molti non hanno ben compreso la differenza tra l'accordo stipulato da Inter/Roma e quello che dovremmo stipulare noi**.

Nel primo caso, infatti, parliamo del cd. **Settlement Agreement**. Quest'ultimo si caratterizza per essere una vera e propria sanzione inflitta dalla UEFA ma "concordata" con il club e può sfociare in diverse misure. Le più utilizzate sono sicuramente la e), f), g):

a) avvertimento
b) richiamo
c) multa
d) decurtazione di punti
e) trattenuta degli introiti ricavati da una competizione UEFA
f) divieto di iscrizione di nuovi giocatori alle competizioni UEFA
g) limitazione del numero di giocatori che un club può iscrivere alle competizioni UEFA, compreso un limite finanziario al costo totale aggregato dei benefit per i giocatori registrati nella lista A delle competizioni UEFA per club
h) squalifica dalle competizioni in corso e/o esclusione da future competizioni
i) revoca di un titolo o di un premio

Detto ciò, un dettaglio da non sottovalutare è questo: il club che riceve un Settlement Agreement dovrà rispettare gli accordi presi con la UEFA in un determinato numero di stagioni ma l'obiettivo finale, ossia il break even, dovrà raggiungerlo totalmente con la "forza" del fatturato.

In buona sostanza la società che stipula un S.A. dovrà utilizzare il fatturato (e quindi anche il Player

Trading) per coprire il calciomercato e anche i disavanzi di bilancio. Quindi non gli viene consentito di indebitarsi per raggiungere lo scopo finale, ossia il break even.

Questa è la differenza più grande rispetto al **Voluntary Agreement** che, invece, si caratterizza per essere un accordo dove un club che già sa di non rispettare i parametri UEFA, si autodenuncia per stipulare un piano di rientro quadriennale nel corso del quale **gli viene concesso di utilizzare il fatturato (e quindi anche il Player Trading) unicamente per finanziare il calciomercato o comunque le maggiori spese.**

Quindi, per farla breve, si chiude un occhio sui disavanzi che tuttavia dovranno essere coperti dal proprietario entro il termine del piano quadriennale che dovrà concludersi con il pareggio di bilancio e quindi la piena sostenibilità del club.

Ergo, con il VA la UEFA accetta che il club si indebiti (ed evita di imporgli di ripianare quei disavanzi con il fatturato) purché dimostri di saper produrre e aumentare i propri introiti fino a raggiungere il break even.

14) Ci risiamo: Voluntary Agreement si o no?

Scopriamolo insieme.

Articolo pubblicato sul blog il 30.08.2018

"Stessa storia, stesso posto, stesso bar". Così recitavano gli 883 e oggi il Milan si trova a vivere una situazione non dissimile da quella cantata da Max Pezzali.

Ad un anno di distanza, infatti, ci ritroviamo a discutere della possibilità o meno di accedere al Voluntary Agreement, istituto creato dalla UEFA che ci consentirebbe di stringere un accordo a "maglie larghe", di durata quadriennale, che rinvierebbe l'obbligo del pareggio di bilancio soltanto al termine del quarto anno.

Il Milan cinese di Fassone ci ha già provato ma con scarsi risultati: nella decisione della Camera Giudicante (che il sottoscritto ha potuto analizzare a fondo) si è sottolineato che la mancata concessione del VA fosse in realtà una somma di più problemi: il rifinanziamento del debito, il business in Cina progressivamente ridotto nelle previsioni, quindi la credibilità complessiva del plan, e la capacità di depositare su un fondo vincolato 165M, soldi che il club avrebbe dovuto utilizzare per ripianare i deficit di bilancio nel corso del quadriennio.

Allo stato attuale il Milan avrebbe risolto tutte queste problematiche che avevano spinto la UEFA addirittura ad escluderci dalla Europa League, dato che:

- la questione rifinanziamento si è azzerata con il passaggio ad Elliott;
- possiamo ricreare un business plan più credibile, che tenga subito in minore considerazione i ricavi in Cina e che, invece, guardi ad altre strade: sponsorizzazioni globali, merchandising e player trading;
- il fondo americano Elliott è creditore nei confronti del club dei due bond emessi nel 2017, pari a circa 123M + interessi. Evidentemente, quindi, tralasciando la forza complessiva di un fondo che gestisce oltre 30 miliardi di asset, Singer non avrebbe difficoltà a garantire quei 165M che la UEFA lo scorso anno pretendeva dai cinesi. Circa l'80% di quei soldi, infatti, Elliott li ha già tirati fuori e può convertirli in equity, sostenendo quindi la crescita del club.

Dunque strada spianata per il Voluntary Agreement? Non proprio. La particolarità della questione impone prudenza, giacché il Milan sta letteralmente costruendo la giurisprudenza su norme che prima d'ora erano state applicate diversamente (mancata concessione del SA) o non applicate per niente (il VA, appunto).

Com'è stato già spiegato in altri articoli, l'allegato XII del FPF specifica che **un club può rivolgersi alla Camera Investigativa dell'UEFA Club Financial Control Body** per stipulare un accordo volontario con l'obiettivo di rispettare il requisito di pareggio. Tuttavia tale diritto è esercitabile a condizione che:

- al club sia stata concessa una licenza valida per partecipare alle competizioni UEFA per club dall'organo competente nazionale, ma lo stesso club non si sia qualificato per una competizione UEFA per club nella stagione precedente l'entrata in vigore dell'accordo volontario; ***oppure***

- il club richiedente si sia qualificato per una competizione UEFA per club e abbia rispettato il requisito di pareggio nel periodo di monitoraggio precedente l'entrata in vigore dell'accordo volontario; ***oppure***

- **il club richiedente sia stato oggetto di un significativo cambiamento nella proprietà e/o partecipazioni di controllo nei 12 mesi precedenti la scadenza per le domande;**

Dalla interpretazione letterale di questa prima parte, esistono tre condizioni alternative nelle quali un club può trovarsi. Il Milan si troverebbe nella terza, dato che è stato oggetto di un significativo cambio di proprietà. Fin qui tutto ok. Procediamo nella lettura.

Per effettuare la proposta, il club licenziatario, negli ultimi tre esercizi oggetto di monitoraggio, non deve essere stato parte di un accordo volontario (come definito dall'Allegato XII) o **non deve aver subìto un provvedimento disciplinare o non deve aver stipulato un accordo transattivo (così come previsto dalle norme procedurali del FPF) nel corso dell'ultimo periodo di riferimento.**

L'accordo volontario da proporre può estendere la sua efficacia al massimo fino a quattro esercizi. Inoltre, l'accordo volontario **deve includere un insieme strutturato di obblighi su misura per la situazione del club, gli obiettivi di pareggio del bilancio, che devono essere ben definiti, sia annualmente che in forma aggregata per ciascun periodo di riferimento coperto dall'accordo, e altri obblighi da assumere, come concordato con l'Ufficio Investigativo dell'UEFA Club Financial Control Body**.

Le istanze di "Voluntary Agreement" devono essere presentate entro il 31 dicembre che precede la stagione in cui l'accordo volontario entrerà in vigore.

Per applicare un accordo volontario il club deve:

- presentare un piano aziendale a lungo termine, costituito da stato patrimoniale, conto economico e rendiconto finanziario. Tale Piano deve basarsi su ipotesi ragionevoli e prudenti, e deve essere redatto nella forma comunicata dall'amministrazione UEFA, e deve includere informazioni circa il pareggio di bilancio fino a periodo di riferimento di oltre quattro anni;

- dimostrare la sua capacità di continuare come impresa in attività almeno fino al termine del periodo coperto dall'accordo volontario;

- dimostrare la propria capacità di raggiungere gli obiettivi e gli obblighi concordati con l'Ufficio Indagine dell'UEFA Club Financial Control Body;

Dovrà inoltre presentare un impegno irrevocabile da parte di un azionista e/o socio a sostenere finanziariamente il club per un importo almeno pari al deficit previsto per tutti i periodi di riferimento oggetto dell'accordo volontario. Questo impegno irrevocabile deve essere provato per mezzo di un accordo giuridicamente vincolante tra il licenziatario (club) e l'azionista o socio e/o parte correlata e, se richiesto dall'Ufficio Investigativo dell'UEFA Club Financial Control Body, esso deve essere garantito per mezzo di:

1. versamenti su un conto vincolato, oppure

2. una garanzia da un'altra società nella struttura del gruppo legale al di fuori del perimetro di rendicontazione; oppure

3. ogni altra forma di garanzia, che l'Ufficio Investigativo dell'UEFA Club Financial Control Body considererà soddisfacente.

E' una mera facoltà dell'Ufficio Indagine dell'UEFA Club Financial Control Body, quella di stipulare il relativo accordo volontario o meno. L'Ufficio Indagine dell'UEFA Club Financial Control Body controlla la corretta e tempestiva attuazione degli accordi volontari.

Dall'analisi di quest'ultima parte ne discendono alcune considerazioni importanti:

1. Le tre situazioni alternative di cui parlavamo sono la prima condizione in cui un club deve trovarsi. Situazione necessaria ma non sufficiente, di per sé, a garantire un Voluntary Agreement.

2. Oltre a ciò è necessario infatti che il club non sia stato oggetto di un accordo transattivo (Settlement Agreement) o di una misura disciplinare (tra cui avvertimento, richiamo, multa, restrizione rosa da registrare, fino all'esclusione dalle coppe) nel corso dell'ultimo triennio.

3. Il Milan negli ultimi mesi è stato oggetto di una indagine da parte della Camera Investigativa della UEFA che è sfociata nella sanzione più temuta: l'esclusione dalle coppe. Tuttavia il club dopo il passaggio ad Elliott (e grazie anche ad esso), è riuscito a ribaltare il verdetto davanti al

TAS che ha annullato la sanzione e ci ha rimandato davanti alla Camera Giudicante per l'irrogazione di una sanzione proporzionata.

4. **Allo stato attuale, quindi, il Milan è un club che ha violato il requisito del pareggio di bilancio nell'ultimo triennio di monitoraggio, ma nel contempo non ha subito ancora nessuna sanzione. Già, perché il TAS ha annullato la misura disciplinare che aveva irrogato la UEFA. Di talché - in linea puramente teorica - siamo tornati alla situazione di un anno fa: ossia un club consapevole di aver violato il principio del break even che ammette le proprie colpe e che, essendo stato oggetto di un cambiamento societario, vorrebbe proporre alla UEFA una soluzione più morbida per ripartire (il VA, piuttosto che il SA).**

In passato ho espresso perplessità sulla possibilità che la UEFA ci potesse concedere il VA per la semplice ragione che, avendo rifiutato la nostra proposta a dicembre, eravamo destinati a subire una sanzione disciplinare. Cosa che poi è avvenuta, ma in modo fin troppo sproporzionato, tant'è che quella sanzione è stata annullata dal TAS. Allo stato attuale, quindi, il Milan è tornato ad essere un club che:

- è stato oggetto di un cambio di proprietà, trovandosi sotto il controllo di un soggetto (Elliott) che prima d'ora non ha mai chiesto un VA, e che quindi si trova per la prima volta a discutere dell'argomento con la UEFA. Il FPF sul punto non dice nulla, quindi è lecito pensare che nel caso di un plurimo cambio di proprietà, ciascuna di esse abbia la possibilità di accedere all'istituto in parola (nel rispetto dei richiamati requisiti).

- non ha subito alcuna sanzione disciplinare, dato che l'unica irrogata è stata "cassata" dal TAS con rinvio alla Camera Giudicante.

L'unica difformità rispetto alla situazione di un anno fa è proprio il soggetto con cui discutere il Voluntary Agreement: il Milan cinese ne ha parlato con la Camera Investigativa, mentre il Milan di Elliott dovrebbe parlarne con la Camera Giudicante. Domanda legittima: *la Camera Giudicante può applicare un Voluntary Agreement?* Purtroppo dalla lettura del FPF la risposta è negativa:

*A club may apply **to the UEFA Club Financial Control Body investigatory chamber** to enter into a voluntary agreement with the aim of complying with the break-even requirement.*

*Un club può chiedere **alla camera investigativa dell'organismo di controllo finanziario del Club UEFA** di stipulare un accordo volontario con l'obiettivo di rispettare il requisito di pareggio.*

L'allegato 12 del FPF è chiaro e non ammette margini di errore o interpretazioni diverse: **il Voluntary Agreement si può chiedere (soltanto) alla Camera Investigativa**, e la ragione è semplice. Trattandosi di un accordo transattivo, la procedura ad esso legata è sviluppata da un organo che precede quello che irroga la sanzione, ossia la Camera Giudicante. Ed il Milan, purtroppo, è stato rimandato proprio alla Camera Giudicante (non alla Camera Investigativa) per l'irrogazione di una sanzione proporzionata.
L'unica possibilità di accedere nuovamente al VA è quella disciplinata dall'art. 16 delle regole procedurali del FPF (ediz. 2015):

Article 16 – Review of decisions of the CFCB chief investigator
1 Any decision of the CFCB chief investigator to dismiss a case or to conclude a settlement agreement or to apply disciplinary measures within the meaning of Article 14(1)(c) may be reviewed by the adjudicatory chamber on the initiative of the CFCB chairman within ten days from the date of communication of the decision to the CFCB chairman.
2 Any decision of the CFCB chief investigator to conclude a settlement agreement or to apply disciplinary measures within the meaning of Article 14(1)(c) may be reviewed by the adjudicatory chamber at the request of a directly affected party within ten days from the date of publication of

the decision.
3 The adjudicatory chamber only reviews decisions of the CFCB chief investigator with regard to the existence of a manifest error of assessment.
4 The adjudicatory chamber may uphold, reject, or modify the decision ***or refer the case back to the CFCB chief investigator***

Articolo 16 - Revisione delle decisioni dell'investigatore capo della CFCB
1 Qualsiasi decisione del capo investigatore del CFCB di archiviare un caso o di concludere un accordo transattivo o di applicare misure disciplinari ai sensi dell'articolo 14, paragrafo 1, lettera c), può essere riesaminata dalla commissione giudicante su iniziativa del presidente della CFCB entro dieci giorni dalla data di comunicazione della decisione al presidente della CFCB.
2 Qualsiasi decisione dell'autorità inquirente del CFCB di concludere un accordo transattivo o di applicare misure disciplinari ai sensi dell'articolo 14, paragrafo 1, lettera c), può essere riesaminata dalla camera giudicante su richiesta di una parte direttamente interessata entro dicci giorni dal data di pubblicazione della decisione.
3 La camera giudicante esamina solo le decisioni del capo investigatore della CFCB in merito all'esistenza di un errore manifesto di valutazione.
4 La camera giudicante può confermare, respingere o

modificare la decisione o rinviare il caso al capo investigatore del CFCB

Dunque alla luce di una situazione patrimoniale e finanziaria totalmente diversa, nonché considerato il nuovo interlocutore, è possibile ipotizzare che la Camera Giudicante non possa irrogare direttamente una sanzione sulla base di una indagine vecchia che si basa su fatti noti non adeguatamente considerati e su altri fatti all'epoca ancora sconosciuti come il nuovo cambio di proprietà?

A mio modo di vedere la risposta è affermativa. E d'altra parte è stato proprio il TAS a specificarlo nel breve comunicato di un mese fa:

*Il Collegio ha ritenuto che **alcuni elementi rilevanti non fossero stati adeguatamente considerati dall'Adjudicatory Chamber, o che gli stessi non potessero essere adeguatamente considerati al momento dell'emanazione della decisione appellata** (il 19 giugno 2018), tra cui, in particolare, l'attuale situazione finanziaria del club, significativamente migliorata in seguito al recente cambio di proprietà dello stesso.*

La Camera Giudicante, se da un lato deve tener conto dei principi indicati nella sentenza del TAS, dall'altro lato potrebbe ritenere necessaria una nuova istruttoria che garantisca l'irrogazione di una sanzione giusta. **E l'istrutto-**

ria deve condurla necessariamente la Camera Investigativa.

Quindi qualora accadesse questa ipotesi, ossia la Camera Giudicante decidesse di rimandare il club davanti alla Camera Investigativa, ecco che di colpo per il Milan si riaprirebbe la possibilità di chiedere nuovamente il Voluntary Agreement. La decisione della Camera Giudicante, infatti, a parere del TAS non ha tenuto conto anche di alcuni elementi **già noti** perché quest'ultimi non sono stati considerati in precedenza dalla Camera Investigativa.

Ergo la decisione sbagliata della Camera Giudicante sarebbe figlia di una valutazione a sua volta sbagliata della Camera Investigativa. Stando così le cose, per poter irrogare la giusta sanzione potrebbe essere necessario ripetere anche l'investigazione secondo i dettami indicati dal TAS.

In caso contrario, ossia qualora la Camera Giudicante ritenesse di poter irrogare direttamente una sanzione senza una nuova istruttoria da parte della Camera Investigativa, per i succitati motivi credo che dovrebbe escludersi la possibilità di accedere ancora al VA, e quindi bisognerebbe solo attendere quale misura disciplinare verrà irrogata.

(effettivamente poi il Milan, in data 28 giugno 2019, si è accordato con la UEFA dinanzi al TAS per l'irrogazione

di una sanzione emanata dalla Camera Giudicante e riguardante i due precedenti monitoraggi oggetto di vertenze dinanzi alla UEFA e allo stesso TAS)

Parte III

La procedura del FFP: le due camere, i termini e le sanzioni

15) Organizzazione e composizione della Club Financial Control Body (CFCB).

Come ogni raccolta di leggi, anche il FFP si è dotato di un codice di procedura che disciplina il funzionamento pratico delle regole che lo governano. L'ultima edizione è quella pubblicata il 1 giugno 2019.

I primi 3 articoli si occupano di chiarire i termini principali adottati nel codice, gli scopi e la giurisdizione.

In particolare, ai fini di queste regole, si applicano le seguenti definizioni:

a) *Richiedente la licenza*: è la squadra di calcio, cioè la persona giuridica pienamente e unicamente responsabile di una squadra di calcio che partecipa a competizioni nazionali di club, che ha richiesto una licenza per partecipare alle competizioni UEFA per club.

b) *Licenziatario*: è il richiedente la licenza che ha ottenuto una licenza per partecipare alle competizioni UEFA per club.

c) *Licenziante*: è l'associazione membro della UEFA o la sua lega affiliata che gestisce il sistema di licenze UEFA per club a livello nazionale, concede le licenze per accedere alle competizioni UEFA per club e intraprende determinati compiti in relazione al processo di monitoraggio dei club UEFA.

d) *Convenuta*: associazione membro della UEFA, licenziante, richiedente la licenza, licenziatario o persona soggetta ai Regolamenti UEFA Club Licensing e Fair Play finanziario e contro la quale sono stati aperti procedimenti dal CFCB.

Le regole presenti nel codice procedurale governano:

a) la giurisdizione del CFCB (articolo 3);

b) l'organizzazione del CFCB (articoli da 4 a 11);

c) il processo decisionale del CFCB (articoli da 12 a 41).

Per ciò che concerne la giurisdizione, il CFCB è competentc pcr:

a) determinare se i licenziatari hanno adempiuto ai propri obblighi e se i richiedenti di licenza hanno soddisfatto i criteri definiti nei Regolamenti UEFA sulle licenze dei club e sul fair play finanziario al momento della concessione della licenza;

b) determinare se, dopo che la licenza è stata concessa, i licenziatari continuino a soddisfare i criteri di licenza definiti nei Regolamenti UEFA sulle Licenze dei Club e sul Fair Play Finanziaro;

c) determinare se, dopo che la licenza è stata concessa, i licenziatari soddisfano i requisiti di monitoraggio dei club come definiti nei Regolamenti UEFA per le Licenze sui Club e il Fair Play finanziario;

d) imporre misure disciplinari come definite in queste regole in caso di mancato rispetto dei requisiti stabiliti nei Regolamenti UEFA sui Licenziamenti e sul Fair Play Finanziario;

e) decidere le cause relative all'ammissibilità del club alle competizioni UEFA per club nella misura prevista dai regolamenti che disciplinano le competizioni in questione.

Quando un caso sembra essere sotto la giurisdizione sia della CFCB sia dell'Organo di controllo e disciplina, i presidenti dei due organi decidono a loro discrezione quale organo deve occuparsi del caso. Se non riescono a raggiungere un accordo, il presidente dell'organo di ricorso decide a sua discrezione. Tali decisioni sulla giurisdizione possono essere impugnate solo con la decisione finale dell'ente al quale è stata assegnata la causa.

Il successivo articolo 4 definisce la **composizione della CFCB.**

Quest'ultima è presieduta dal presidente/chairman.

La CFCB è divisa in:

a) una camera di indagine (c.d. investigativa) per la fase di monitoraggio e indagine del procedimento;

b) una camera giudicante per la fase di giudizio del procedimento.

La camera di indagine è composta da:

a) l'investigatore capo della CFCB, che dirige la camera di indagine della CFCB e adotta le misure necessarie per garantirne il corretto funzionamento;

b) almeno altri tre membri, tra cui un vice capo investigatore del CFCB.

La camera giudicante è composta da:

a) il presidente della CFCB, che dirige la camera giudicante del CFCB e supervisiona il funzionamento del CFCB in conformità con i Regolamenti UEFA sui Licenziamenti e il Fair Play finanziario;

b) almeno altri tre membri, inclusi due vicepresidenti CFCB.

Ogni qualvolta le presenti norme si riferiscono al capo investigatore del CFCB, quest'ultimo può essere sostituito dal ricercatore capo del CFCB o da un altro membro della camera d'indagine.

Ogni qualvolta le presenti norme si riferiscono al presidente della CFCB, quest'ultimo può essere sostituito da un vicepresidente della CFCB o da un altro membro della camera giudicante.

Un membro della camera d'indagine non può appartenere contemporaneamente alla camera giudicante e viceversa.

I successivi articoli (dal 5 all'11) si occupano di disciplinare le **elezioni dei componenti delle camere, la loro indipendenza, la ricusazione, nonché la confidenzialità** di quanto avviene all'interno dei relativi procedimenti.

In particolare i membri del CFCB sono eletti dal Comitato Esecutivo UEFA per un mandato di quattro anni, sono assegnati alla camera di investigazione o alla camera giudicante e possono essere rieletti.

Se si verifica un posto vacante, il Comitato Esecutivo UEFA può eleggere un sostituto per il restante mandato.

I membri del CFCB sono indipendenti e sono tenuti ad osservare esclusivamente gli Statuti, le norme ed i regolamenti UEFA, oltre che la legge.

I membri CFCB non possono appartenere contemporaneamente a:

a) qualsiasi altro organo o comitato UEFA;

b) qualsiasi organo, comitato o divisione amministrativa di un'associazione membro della UEFA o di qualsiasi lega o club affiliati a un'associazione membro della UEFA.

I membri del CFCB non sono responsabili di alcuna azione, decisione o omissione in relazione al procedimento dinanzi al CFCB.

Un membro del CFCB non può prendere parte all'esame di un caso se vi sono dubbi fondati sulla sua imparzialità e deve rivelare qualsiasi circostanza che possa dar luogo a un conflitto di interessi.

Qualsiasi obiezione nei confronti di un membro del CFCB che prende parte all'esame di una causa deve essere presentata entro sette giorni dalla data in cui è stata resa nota la causa di obiezione e, in ogni caso, prima dell'inizio dell'eventuale audizione.

Le eventuali domande di ricusazione di un membro del CFCB sono decise da quei membri la cui imparzialità non è stata messa in dubbio.

I membri del CFCB assicurano la completa riservatezza di tutti i fatti che giungono alla loro attenzione nel corso delle loro funzioni e, in particolare, si astengono dal divulgare il contenuto delle deliberazioni.

16. Le due Camere.

Articolo pubblicato sul blog il 16.05.2018

Nella giornata odierna sono aumentate le preoccupazioni dei tifosi rossoneri relativamente alle sanzioni che la UEFA potrebbe comminare al nostro club.

Come tutti sappiamo, purtroppo il Milan non ha rispettato i paletti relativi all'ultimo triennio che prevedevano una deviazione massima pari a 30M rispetto al minimo tollerato (5M).

Il club rossonero, infatti, negli ultimi 3 anni (15/16, 16/17 e 17/18) ha avuto complessivamente dei deficit che superano di gran lunga 30M e nei primi due bilanci quella situazione patrimoniale è interamente riferibile alla precedente proprietà. **Quindi Mr Li e Fassone, essendo subentrati in corsa, hanno dovuto far fronte ad una situazione generata prevalentemente da chi li ha preceduti.**

Ciò detto, quali sono le sanzioni che rischia il Milan? Di questo aspetto ne abbiamo già discusso pertanto in questa sede mi limiterò a spiegare la procedura che tecnicamente porta a queste misure:

a) avvertimento
b) richiamo
c) multa
d) decurtazione di punti
e) trattenuta degli introiti ricavati da una competizione UEFA
f) divieto di iscrizione di nuovi giocatori alle competizioni UEFA
g) limitazione del numero di giocatori che un club può iscrivere alle competizioni UEFA, compreso un limite finanziario al costo totale aggregato *dei benefit per i giocatori registrati nella lista A delle competizioni UEFA per club*
h) squalifica dalle competizioni in corso e/o esclusione da future competizioni
i) revoca di un titolo o di un premio

In seno alla UEFA esistono due organi, ciascuno con rappresentanti diversi: la **Camera Investigativa** (*Club Financial Control Body Investigatory Chamber*) e la **Camera Giudicante** (*Club Financial Control Body Adjudicatory Chamber*).

La Camera Investigativa è quella che monitora i periodi sottoposti a controllo (trienni) e dialoga continuamente con i club, chiedendo aggiornamenti e dati sulla situazione patrimoniale e finanziaria delle società. Al termine della investigazione, la Camera in questione può:

- decidere di archiviare il caso;
- concludere, con il consenso dell'indagato, un settlement agreement;
- applicare, con il consenso dell'indagato, misure disciplinari limitate ad un avverimento, una reprimenda o una sanzione pecuniaria fino ad un massimo di 100.000,00 €;
- riferire il caso alla Camera Giudicante;

La scelta di una di queste misure dipende dalla gravità della situazione finanziaria in cui versa il club. Ovviamente il campanello d'allarme scatta quando la Camera Investigativa deferisce il club alla Camera Giudicante. Infatti, com'è possibile desumere, **il settlement agreement si conclude senza passare attraverso la Camera Giudicante**. Il motivo che potrebbe spingere, invece, la Camera Investigativa a trasmettere gli atti alla Camera Giudicante solitamente è abbastanza grave ma, in ogni caso, **il ventaglio di sanzioni irrogabili dalla Camera Giudicante è comunque quello sopra elencato**. Assodato, quindi, che teoricamente non si può nemmeno escludere che la Camera Giudicante in seconda battuta commini delle sanzioni non dissimili da quelle che avrebbe concesso la Camera

Investigativa, aumentandone soltanto l'intensità, la domanda potrebbe essere questa: la situazione del Milan è così grave da prevedere un controllo più approfondito da parte della seconda Camera?

Lo scrivente non ritiene che sia questo il caso, giacché la situazione patrimoniale e debitoria del Milan è abbondantemente sotto controllo. Innanzitutto **manca totalmente il rischio di credito (c.d. d'insolvenza)** che può comportare una procedura concorsuale. L'unico maggior creditore del club, ossia Elliott, vanta infatti un credito pari a 303M che con gli interessi arrivano a circa 350M. Di questi 303M, soltanto 120M sono a carico del club, mentre i restanti 180M sono a carico della proprietà.

A garanzia di questo credito, Elliott detiene un pegno sul 100% delle azioni di AC Milan, asset che oggi ha un valore patrimoniale pari ad oltre un miliardo. Stando così le cose, appare evidente che non esiste alcun rischio d'insolvenza, ma non solo.

Lo stesso Elliott ha garantito la continuità aziendale con un documento già trasmesso alla UEFA. Questo eradica qualsiasi tipo di problema in seno alla proprietà che non solo non esiste oggi ma, nel caso, non esisterà neanche domani. Se poi a ciò aggiungiamo che l'indebitamento del Milan è assolutamente proporzionato alla situazione economico/finanziaria/patrimoniale del club, capiamo benissimo che ogni allarmismo è assolutamente ingiustificato e frutto, soprattutto, di ignoranza. Qualora, infatti, per assurdo la Camera Investigativa trasmettesse gli atti alla Camera Giudicante e quest'ultima ritenesse direttamente di dover escludere il Milan dalle coppe, ci troveremmo di fronte ad una clamorosa ingiustizia senza precedenti, totalmente arbitraria, illegittima e facilmente ribaltabile con un ricorso al TAS di Losanna. Ma dubito che si arriverà a tanto per i motivi suindicati.

Ad oggi la UEFA ha escluso dalle competizioni europee soltanto quei club che hanno compiuto delle gravi inadempienze, ossia il mancato pagamento dei debiti scaduti.
Ma fino ad oggi nessun club è stato mai escluso per aver avuto dei deficit consistenti o perché i giornali continuano ad insinuare dubbi sulla solidità patrimoniale della proprietà. Questi rappresentano dei falsi problemi ingigantiti senza nessuna cognizione di causa e con il solo scopo di alimentare polemiche o dibattiti.

(P.S. a conferma delle succitate considerazioni, il TAS ha annullato l'esclusione dalle coppe comminata dalla UEFA. La successiva esclusione del club nell'estate 2019 è frutto di un accordo, non di una sanzione unilaterale).

17) Dentro la CFCB: la camera investigativa.

Il procedimento all'interno della camera investigativa è disciplinato dagli articoli che vanno dal 12 al 18.

L'investigatore capo della CFCB guida il processo di monitoraggio e il procedimento investigativo. Un'indagine può essere aperta d'ufficio o su richiesta. L'investigatore capo della CFCB stabilisce i fatti, raccoglie tutte le prove pertinenti ed è colui che ha il potere di condurre i procedimenti investigativi o assegnare questo ruolo a un altro membro della camera d'indagine.

L'investigatore capo della CFCB può, di propria iniziativa o, se del caso, su richiesta del convenuto, convocare un'audizione nell'ambito delle sue indagini.

Tutti i mezzi di prova possono essere considerati dall'investigatore capo della CFCB. Ciò include (ma non si limita alla) testimonianza dell'imputato, escussioni di testimoni, documenti e registrazioni (audio o video), ispezioni in loco e relazioni di esperti. Il convenuto, inoltre, può consultare il fascicolo del proprio caso.

Accanto al lavoro svolto dal capo investigatore c'è quello del ricercatore capo della CFCB, che può fissare un termine entro il quale il convenuto deve presentare le sue osservazioni e / o presentare o richiedere prove complementari.

Al termine dell'indagine, l'investigatore capo della CFCB, dopo aver consultato gli altri membri della camera d'indagine, può decidere di:

a) respingere il caso; o

b) concludere, con il consenso del convenuto, un accordo transattivo; o

c) applicare, con il consenso del convenuto, provvedimenti disciplinari limitatamente ad un avviso, un richiamo o una multa fino ad un importo massimo di € 200.000; o

d) indirizzare il caso alla camera giudicante.

La decisione dell'investigatore capo della CFCB è notificata al convenuto per iscritto. Le decisioni dell'investigatore capo della CFCB sono trasmesse al presidente della CFCB.

Le decisioni del capo investigatore della CFCB ai sensi dell'articolo 14, paragrafo 1, lettera b) o dell'articolo 14, paragrafo 1, lettera c), sono pubblicate entro dieci giorni dalla data della loro comunicazione al convenuto.

L'investigatore capo della CFCB può, a seguito di una richiesta motivata del convenuto presentata entro due giorni dalla data della comunicazione della decisione, redigere la decisione di proteggere le informazioni riservate o i dati personali.

La disciplina dell'accordo transattivo è sancita all'interno dell'art. 15 delle regole procedurali.

Gli accordi di transazione a norma dell'articolo 14, paragrafo 1, lettera b), tengono conto, in particolare, dei fattori di cui all'allegato XI dei regolamenti sulle licenze UEFA e il fair play finanziario. Tali accordi possono essere ritenuti appropriati in circostanze che giustifichino la conclusione di una transazione effettiva, equa e dissuasiva senza rinviare il caso alla camera giudicante.

Gli accordi di transazione possono stabilire gli obblighi che devono essere soddisfatti dal convenuto. Gli accordi transattivi possono includere le seguenti misure finanziarie e sportive e, se necessario, un periodo di tempo specifico con l'obiettivo di rendere il convenuto conforme ai Regolamenti UEFA sui Licenziamenti e sul Fair Play Finanziario:

a) trattenimento delle entrate dalla UEFA;

b) restrizioni alla registrazione di nuovi giocatori nelle competizioni UEFA e / o restrizioni sul numero di giocatori che un club può registrare per partecipare alle competizioni UEFA, compreso un limite finanziario sul costo complessivo delle spese per i salari dei dipendenti iscritti alla lista A ai fini delle competizioni UEFA per club.

Le suddette misure finanziarie e sportive possono essere condizionate e / o incondizionate.

Se un convenuto dimostra di avere adempiuto agli obblighi stabiliti in un accordo transattivo in anticipo rispetto al termine stabilito, l'investigatore capo della CFCB può, su richiesta motivata del convenuto, decidere di modificare i termini dell'accordo di transazione per la stagione sportiva succcssiva .

L'investigatore capo della CFCB controlla l'attuazione corretta e tempestiva dell'accordo transattivo. Se un convenuto non rispetta i termini di un accordo transattivo, l'investigatore capo della CFCB deve rinviare il caso alla camera giudicante.

L'art. 16 delle *procedural rules*, rubricato "revisione delle decisioni del capo investigatore" è stato modificato nell'ultima edizione del FFP, quella analizzata in questa pubblicazione. Il motivo che ha spinto la UEFA a innovare questo articolo è dettato dalla disputa che ha avuto contro il PSG, giunta dinanzi al CAS di Losanna. Nel caso di specie la Camera Giudicante aveva deciso di bocciare l'archiviazione del caso del PSG da parte della Camera Investigativa, rimandando il fascicolo a quest'ultima.

Il club parigino, tuttavia, ha impugnato questa decisione dinanzi al CAS per un difetto procedurale, ossia il superamento del termine di 10 giorni per il riesame della decisione del capo investigatore da parte del presidente della Camera Giudicante. Il CAS ha dato ragione al PSG, anche se la UEFA non ha mostrato una strenua difesa, anzi, nel corso delle indagini non sono mancate contraddizioni e stranezze analizzate in un recente articolo del New York Times. Ad oggi, quindi, la norma in questione consente alla Camera Giudicante un termine più lungo (30 giorni) per decidere se rimandare il fascicolo alla Camera Investigativa.

L'art. 16, infatti, afferma che qualsiasi decisione del capo investigatore della CFCB di archiviare un caso o di concludere o modificare un accordo transattivo o di applicare misure disciplinari ai sensi dell'articolo 14, paragrafo 1, lettera c), può essere riesaminata dalla camera giudicante nei casi in cui viene avviato il riesame dal presidente della CFCB entro dieci giorni dalla data di comunicazione della decisione (e di tutte le prove pertinenti) al presidente

CFCB. Una decisione della camera giudicante sulla revisione è presa entro trenta giorni dalla data di comunicazione della decisione (e di tutte le prove pertinenti) al presidente della CFCB.

Un **riesame di qualsiasi decisione del capo investigatore della CFCB** di concludere un accordo transattivo o di applicare misure disciplinari ai sensi dell'articolo 14, paragrafo 1, lettera c), può essere richiesto da una parte direttamente interessata entro dieci giorni dalla data di pubblicazione della decisione sul sito web della UEFA. In tali circostanze, una decisione della camera giudicante sulla revisione viene presa entro trenta giorni dalla data di comunicazione della decisione (e di tutte le prove pertinenti) al presidente della CFCB.

La camera giudicante esamina solo le decisioni del capo investigatore della CFCB in merito all'esistenza di un errore manifesto di valutazione.

La camera giudicante può confermare, respingere o modificare la decisione o rinviare il caso al capo investigatore della CFCB.

Qualsiasi decisione del capo investigatore della CFCB di deferire un caso alla camera giudicante deve contenere:

a) un sintetico riassunto dei fatti;

b) una descrizione delle prove raccolte;

c) una descrizione della natura della presunta violazione (i);

d) un riferimento alle disposizioni che si presume siano state violate

e) una proposta alla camera giudicante per quanto riguarda la decisione finale da prendere, comprese, se del caso, eventuali provvedimenti disciplinari.

Ulteriori informazioni possono essere richieste dalla camera giudicante all'investigatore capo della CFCB in qualsiasi momento nel corso della fase di giudizio.

Se il caso è riferito alla camera giudicante, allora un investigatore segnalante tra i membri della camera d'indagine presenta il caso alla camera giudicante per decisione.

L'investigatore segnalante può essere assistito da un consulente legale.

18) Perché il Milan può essere sanzionato due volte nel giro di pochi mesi? Scopriamolo insieme.

Articolo pubblicato sul blog il 6.12.2018

In queste ore iniziano già a circolare le prime indiscrezioni riguardo la sanzione che la UEFA comminerà al club rossonero. Si parla di una piccola multa pecuniaria di qualche milione e null'altro. Il club rossonero può quindi tirare un sospiro di sollievo? Non proprio.

L'attuale sanzione, infatti, fa riferimento ad un periodo di monitoraggio datato, ossia quello che riguarda il triennio 2015/2017.

A tal proposito è bene precisare che la UEFA considera il periodo di monitoraggio nei termini indicati dall'art. 59 del FPF: *"Ad esempio,il periodo di monitoraggio valutato per la licenza 18/19 copre il periodo che finisce nel 2019 (periodo T+1), 2018 (periodo T) e 2017 (periodo T-1)"*.

Quindi ogni anno il triennio viene valutato a ritroso ma scalando di una sola stagione. La diretta conseguenza di ciò è che un bilancio negativo, prima di uscire fuori dal "radar" del FPF, sarà considerato in tre periodi di monitoraggio.

Esempio pratico, laddove consideriamo C come bilancio negativo più recente, quindi con un forte deficit:

1° triennio di monitoraggio: A – B – **C**

2° triennio di monitoraggio: B – **C** – D

3° triennio di monitoraggio: **C** – D – E

4° triennio di monitoraggio:D – E – F

Article 59 – *Notion of monitoring period*

1 A monitoring period covers three consecutive reporting periods on which a licensee is assessed for the purpose of the break-even requirement.

2 The current monitoring period covers:

a) the reporting period ending in the calendar year that the UEFA club competitions commence (hereinafter: reporting period T), and

b) the reporting period ending in the calendar year before commencement of the UEFA club competitions (hereinafter: reporting period T-1), and

c) the preceding reporting period (hereinafter: reporting period T-2).

As an example, the monitoring period assessed in the licence season 2018/19 covers the reporting periods ending in 2018 (reporting period T), 2017 (reporting period T-1) and 2016 (reporting period T-2).

3 In addition, for licensees in breach of the indicators in Article 62(3) v) and/or vi), the projected monitoring period covers:

a) the 12 month period commencing immediately after the statutory closing date of the reporting period T (hereinafter: reporting period T+1);

b) the reporting period ending in the calendar year that the UEFA club competitions commence (hereinafter: reporting period T), and

c) the reporting period ending in the calendar year before commencement of the UEFA club competitions (hereinafter: reporting period T-1).

As an example, the projected monitoring period assessed in the licence season 2018/19 covers the reporting periods ending in 2019 (reporting period T+1), 2018 (reporting period T) and 2017 (reporting period T-1).

Nel caso del Milan, quindi, la sanzione che il club rossonero riceverà a breve dalla UEFA non riguarderà l'attuale periodo di monitoraggio ma un periodo ormai già trascorso che doveva essere punito parecchi mesi fa nel modo corretto ma che, a causa del ricorso al CAS, verrà sanzionato soltanto in questi giorni.

Il periodo di monitoraggio in questione, valutato nella stagione 2017/2018, copriva le stagioni 2015 (bilancio solare di 12 mesi), 2016 (bilancio solare di 12 mesi) e 2017 (bilancio stagionale di soli 6 mesi).

Ergo, a partire dalla stagione 2018/2019 il Milan è entrato in un nuovo periodo di monitoraggio che copre, a ritroso, le stagioni 2016 (bilancio solare di 12 mesi), 2017 (bilancio stagionale di 12 mesi) e 2018 (bilancio stagionale di 12 mesi).

Per quanto fin qui esposto, il club rossonero nella primavera del 2019 molto probabilmente potrebbe trovarsi nuovamente di fronte alla UEFA per discutere delle violazioni riguardanti l'attuale periodo di monitoraggio che, stavolta, potrebbe essere sanzionato diversamente, e che potrebbe sfociare in un misto di sanzioni pecuniarie, finanziarie e limitazioni di rosa.

In conseguenza di quanto appena detto, se il Milan oggi venisse sanzionato con una semplice multa, senza ulteriori paletti, potrebbe sfruttare l'ennesima (e ultima) sessione di mercato "franca": quella di gennaio.

Update: da un punto di vista finanziario l'eventuale multa che verrà comminata al club rossonero non avrà impatti sul bilancio 18/19 perché la società prudenzialmente ha già inserito quella sanzione tra le passività del bilancio chiuso al 30/6/18. Quindi salvo aumenti sproporzionati non ricompresi in quell'accantonamento, la sanzione è già stata "digerita" e non avrà nessun tipo di impatto negativo nell'attuale bilancio.

Accantonamenti per rischi

La voce ammonta a 17.492 migliaia di Euro (10.644 migliaia di Euro nell'esercizio 2016/2017) e si riferisce allo stanziamento di oneri di ristrutturazione del personale, agli oneri futuri relativi al personale tecnico "esonerato" ma ancora alle dipendenze della società, allo stanziamento di indennità di buona uscita relative a calciatori ceduti definitivamente nel corso della campagna trasferimenti di luglio e agosto 2018, nonché allo stanziamento prudenziale a copertura del rischio derivante dall'applicazione di eventuale sanzioni economiche da parte della U.E.F.A. per la violazione della regola del pareggio di bilancio (*break-even rule*) prevista dal *Financial Fair Play*, così come meglio descritto nel paragrafo passività Potenziali e altre informazioni, a cui si rimanda.

Si ricorda che nell'esercizio 2016/2017 erano ricompresi in questa voce 5.500 migliaia di Euro relativi a costi connessi alla definizione del contenzioso con Fondazione Ente Autonomo Fiera Internazionale di Milano, avvenuta nel corso del mese di marzo 2017, concernente una manifestazione di interesse in relazione all'"avviso di presentazione di manifestazione di interesse" per la riqualificazione del Padiglione 1 e 2 denominato Portello, sito in Milano nell'ambito del Polo Urbano di Fieramilanocity, avente ad oggetto il progetto di costruzione del nuovo stadio del Milan.

(nella primavera del 2019, il Milan è stato effettivamente oggetto di un nuovo monitoraggio da parte della camera investigativa che ha deferito il club alla camera giudicante. Quest'ultima ha sospeso il procedimento in attesa di conoscere l'esito del giudizio dinanzi al TAS, che successivamente si è chiuso con una transazione tra Milan e UEFA per le violazioni inerenti i due precedenti periodi di monitoraggio)

19) Il Settlement Agreement. Funzionamento, casistiche e schemi applicativi.

Articolo pubblicato sul blog il 30.06.2019

Con la pubblicazione del consent award, Milan e UEFA hanno deciso di deporre le armi e giungere ad un accordo secondo regole ben precise già pubblicate da questo blog. Dunque con l'esclusione dalla EL 19/20 si è chiuso il capitolo riguardante la sanzione da applicare al club rossonero per i due precedenti periodi di monitoraggio. Adesso però si apre un altro importantissimo capitolo: i rapporti futuri tra Milan e UEFA.

Nel presente articolo approfondirò i presupposti giuridici, le sfumature, le casistiche e il modus operandi che sottende il Settlement Agreement. Ossia il prossimo step che tutti i tifosi rossoneri attendono, come già anticipato nell'analisi di pochi giorni fa.

Capitoli:

- Settlement Agreement: la nuova formulazione nel regolamento 2019.

- Settlement Agreement: tutti i 25 precedenti giurisprudenziali.

- Settlement Agreement: modus operandi e caratteristiche comuni ai precedenti.

- Settlement Agreement: cosa è lecito attendersi per l'AC Milan.

Buona lettura.

Settlement Agreement: la nuova formulazione nel regolamento 2019.

A partire dal 1 giugno 2019 sono entrate ufficialmente in vigore le nuove norme procedurali che governano il Fair Play Finanziario. Nel regolamento è sempre presente il Settlement Agreement, ossia l'accordo transattivo.

Così come previsto dall'art. 14 ("Fine dell'investigazione") il capo investigatore della CFCB, al termine del normale controllo sui conti del club, ha davanti a sé quattro diverse possibilità:

"a) respingere il caso;

b) concludere, con il consenso del convenuto, un accordo transattivo;

c) applicare, con il consenso del convenuto, misure disciplinari limitate a un avvertimento, un richiamo o una multa fino ad un importo massimo di € 200.000;

d) indirizzare il caso alla camera giudicante."

L'ipotesi attenzionata da questo approfondimento è quella menzionata nella lettera b), ossia la conclusione di un accordo transattivo con il consenso del convenuto. La prima caratteristica di questo istituto, similmente al patteggiamento in materia penale, è la convergenza delle volontà tra chi deve punire e chi subisce la sanzione. In altre parole il capo investigatore concorda con il club una sanzione da applicare, nei limiti e nelle forme previste dal successivo art. 15 del regolamento procedurale:

"1. Gli accordi di transazione a norma dell'articolo 14, paragrafo 1, lettera b), tengono conto, in particolare, dei fattori di cui all'allegato XI dei regolamenti sulle licenze e suil fair play finanziario. Tali accordi possono essere ritenuti appropriati in circostanze che giustifichino la conclusione di una transazione effettiva, equa e dissuasiva senza rinviare il caso alla camera giudicante.

2. Gli accordi transattivi possono stabilire gli obblighi che devono essere soddisfatti dal convenuto. Gli accordi transattivi possono includere le seguenti misure finanziarie

e sportive e, se necessario, un periodo di tempo specifico con l'obiettivo di rendere il convenuto conforme ai Regolamenti UEFA sui Licenziamenti e sui Fair Play Finanziari:

a) trattenimento delle entrate dalla UEFA;

b) restrizioni alla registrazione di nuovi giocatori nelle competizioni UEFA e/o restrizioni sul numero di giocatori che un club può registrare per partecipare alle competizioni UEFA, compreso un limite finanziario sul costo complessivo delle spese per i dipendenti iscritti alla lista A ai fini delle competizioni UEFA per club.

Le suddette misure finanziarie e sportive possono essere condizionate e / o incondizionate.

3. Se un convenuto dimostra di avere adempiuto agli obblighi stabiliti in un accordo transattivo in anticipo rispetto al termine stabilito, l'investigatore capo della CFCB può, su richiesta motivata del convenuto, decidere di modificare i termini dell'accordo di transazione per le successive stagioni.

4. L'investigatore capo della CFCB controlla l'attuazione corretta e tempestiva dell'accordo transattivo.

5. Se un convenuto non rispetta i termini di un accordo transattivo, l'investigatore capo del CFCB deve rinviare il caso alla camera giudicante."

L'obiettivo del SA, quindi, è mettere il club nelle condizioni di potersi conformare ai regolamenti UEFA, nello specifico concedendo un arco temporale entro cui il club deve rispettare delle prescrizioni finanziarie, economiche e regolamentari. Queste misure, inoltre, per la prima volta sono state specificate nel regolamento, normando la giurisprudenza ormai consolidata della Camera Investigativa.

Settlement Agreement: tutti i precedenti giurisprudenziali (immagine riepilogativa alla fine del libro).

Qui di seguito elencherò soltanto i periodi di copertura SA, con l'indicazione dei contestuali bilanci monitorati dalla UEFA. Non aggiungo anche le misure disciplinari applicate in concreto perché l'analisi non riguarda quell'aspetto:

Bursaspor: accordo stipulato il 14 maggio 2014, copertura SA nella successiva stagione 2014/2015, ma il risultato aggregato di pareggio per i periodi di riferimento 2012, 2013 e 2014 deve essere un'eccedenza o un disavanzo entro lo scostamento accettabile ai sensi dell'art. 63 della UEFA FFP.

Manchester City: accordo stipulato il 16 maggio 2014, copertura SA nelle stagioni 2013/14, 2014/15 e 2015/16. A questo proposito, il Manchester City si impegna a segnalare un deficit di pareggio massimo di 20 milioni di euro per l'esercizio finanziario che si conclude nel 2014 (13/14) e un disavanzo massimo di pareggio di 10 milioni per l'esercizio finanziario che si concluderà nel 2015 (14/15). In questo contesto, alcune partnership commerciali sono state sottoposte a verifica. Al fine di evitare controversie e per evitare dubbi, il Manchester City ha convenuto che per il periodo del regolamento non cercherà di migliorare i termini finanziari di due partenariati commerciali di secondo livello.

Paris Saint Germain: accordo stipulato il 16 maggio 2014, copertura SA nelle stagioni 2014/15, 2015/16 e 2016/17. A tale riguardo, PSG si impegna a segnalare un deficit di pareggio massimo di 30 milioni di euro per l'esercizio finanziario che si conclude nel 2015 (14/15) e nessun deficit di pareggio per l'esercizio finanziario che si conclude nel 2016 (15/16). In questo contesto il contratto tra PSG e l'autorità del turismo del Qatar è stato attentamente riconsiderato ad un valore equo, significativamente inferiore a quello presentato dal club.

Panathinaikos: accordo stipulato il 25 febbraio 2015, copertura SA nella successiva stagione 2015/2016, ma il risultato aggregato di pareggio per i periodi di riferimento 2013, 2014 e 2015 deve essere un'eccedenza o un disavanzo entro lo scostamento accettabile ai sensi dell'art. 63 della UEFA FFP.

Hull City: accordo stipulato il 27 febbraio 2015, copertura SA nella successiva stagione 2015/2016, ma il risultato aggregato di pareggio per i periodi di riferimento 2013, 2014 e 2015 deve essere un'eccedenza o un disavanzo entro lo scostamento accettabile ai sensi dell'art. 63 della UEFA FFP.

Hapoel Tel Aviv: accordo stipulato il 27 febbraio 2015, copertura SA nella successiva stagione 2015/2016, ma il risultato aggregato di pareggio per i periodi di riferimento 2013, 2014 e 2015 deve essere un'eccedenza o un disavanzo entro lo scostamento accettabile ai sensi dell'art. 63 della UEFA FFP.

Monaco: accordo stipulato l'8 maggio 2015, copertura SA nelle successive stagioni 2015/16, 2016/17 e 2017/18. L'obiettivo principale dell'Accordo di transazione è garantire che il Club diventi conforme al Regolamento UEFA al più tardi nel periodo di monitoraggio 2017/18 (ossia al 30 giugno 2017, il penultimo anno, ndr); il risultato aggregato di pareggio per i periodi di riferimento 2015, 2016 e 2017 deve essere un'eccedenza o un disavanzo entro la deviazione accettabile in conformità all'articolo 63 del FFP UEFA.

Roma: accordo stipulato l'8 maggio 2015, copertura SA nelle successive stagioni 2015/16, 2016/17 e 2017/18. L'obiettivo principale dell'Accordo di transazione è garantire che il Club diventi conforme al Regolamento UEFA al più tardi nel periodo di monitoraggio 2017/18 (ossia al 30 giugno 2017, il penultimo anno, ndr); il risultato aggregato di pareggio per i periodi di riferimento 2015, 2016 e 2017 deve essere un'eccedenza o un disavanzo entro la deviazione accettabile in conformità all'articolo 63 del FFP UEFA.

Besiktas: accordo stipulato l'8 maggio 2015, copertura SA nelle successive stagioni 2015/16, 2016/17, 2017/18 e 2018/2019. L'obiettivo principale dell'Accordo di transazione è garantire che il Club diventi conforme al Regolamento UEFA al più tardi nel periodo di monitoraggio 2018/19 (ossia al 30 giugno 2018, il penultimo anno, ndr); il risultato aggregato di pareggio per i periodi di riferimento 2016, 2017 e 2018 deve essere un'eccedenza o un disavanzo entro la deviazione accettabile in conformità all'articolo 63 del FFP UEFA.

CSKA Sofia: accordo stipulato l'8 maggio 2015, copertura SA nella successiva stagione 2015/2016, ma il risultato aggregato di pareggio per i periodi di riferimento 2013, 2014 e 2015 deve essere un'eccedenza o un disavanzo entro lo scostamento accettabile ai sensi dell'art. 63 della UEFA FFP.

Krasnodar: accordo stipulato l'8 maggio 2015, copertura SA nelle successive stagioni 2015/16, 2016/17 e 2017/18. L'obiettivo principale dell'Accordo di transazione è garantire che il Club diventi conforme al Regolamento UEFA al più tardi nel periodo di monitoraggio 2017/18 (ossia al 30 giugno 2017, il penultimo anno, ndr); il risultato aggregato di pareggio per i periodi di riferimento 2015, 2016 e 2017 deve essere un'eccedenza o un disavanzo entro la deviazione accettabile in conformità all'articolo 63 del FFP UEFA.

Inter: accordo stipulato l'8 maggio 2015, copertura SA nelle successive stagioni 2015/16, 2016/17, 2017/18 e 2018/2019. L'obiettivo principale dell'Accordo di transazione è garantire che il Club diventi conforme al Regolamento UEFA al più tardi nel periodo di monitoraggio 2018/19 (ossia al 30 giugno 2018, il penultimo anno, ndr); il risultato aggregato di pareggio per i periodi di riferimento 2016, 2017 e 2018 deve essere un'eccedenza o un disavanzo entro la deviazione accettabile in conformità all'articolo 63 del FFP UEFA.

Rostov: accordo stipulato l'8 maggio 2015, copertura SA nella successiva stagione 2015/2016, ma il risultato aggregato di pareggio per i periodi di riferimento 2013, 2014 e 2015 deve essere un'eccedenza o un disavanzo entro lo scostamento accettabile ai sensi dell'art. 63 della UEFA FFP.

Lokomotiv Moska: accordo stipulato l'8 maggio 2015, copertura SA nelle successive stagioni 2015/16, 2016/17 e 2017/18. L'obiettivo principale dell'Accordo di transazione è garantire che il Club diventi conforme al Regolamento UEFA al più tardi nel periodo di monitoraggio 2017/18 (ossia al 30 giugno 2017, il penultimo anno, ndr); il risultato aggregato di pareggio per i periodi di riferimento 2015, 2016 e 2017 deve essere un'eccedenza o un disavanzo entro la deviazione accettabile in conformità all'articolo 63 del FFP UEFA.

Kardemir: accordo stipulato l'8 maggio 2015, copertura SA nella successiva stagione 2015/2016, ma il risultato aggregato di pareggio per i periodi di riferimento 2013, 2014 e 2015 deve essere un'eccedenza o un disavanzo entro lo scostamento accettabile ai sensi dell'art. 63 della UEFA FFP.

Sporting Club: accordo stipulato l'8 maggio 2015, copertura SA nella successiva stagione 2015/2016, ma il risultato aggregato di pareggio per i periodi di riferimento 2013, 2014 e 2015 deve essere un'eccedenza o un disavanzo entro lo scostamento accettabile ai sensi dell'art. 63 della UEFA FFP.

Astana: accordo stipulato il 20 maggio 2016, copertura SA nelle successive stagioni 2016/17, 2017/18 e 2018/19. L'obiettivo principale dell'Accordo di transazione è garantire che il Club diventi conforme al Regolamento UEFA al più tardi nel periodo di monitoraggio 2018/19 (ossia al 30 giugno 2018, il penultimo anno, ndr); il risultato aggregato di pareggio per i periodi di riferimento 2016, 2017 e 2018 deve essere un'eccedenza o un disavanzo entro la deviazione accettabile in conformità all'articolo 63 del FFP UEFA.

Dinamo Zagabria: accordo stipulato il 20 maggio 2016, copertura SA nella successiva stagione 2016/2017, ma il risultato aggregato di pareggio per i periodi di riferimento 2014, 2015 e 2016 deve essere un'eccedenza o un disavanzo entro lo scostamento accettabile ai sensi dell'art. 63 della UEFA FFP.

Trabzonspor: accordo stipulato il 20 maggio 2016, copertura SA nelle successive stagioni 2016/17, 2017/18 e 2018/19. L'obiettivo principale dell'Accordo di transazione è garantire che il Club diventi conforme al Regolamento UEFA al più tardi nel periodo di monitoraggio 2018/19 (ossia al 30 giugno 2018, il penultimo anno, ndr); il risultato aggregato di pareggio per i periodi di riferimento 2016, 2017 e 2018 deve essere un'eccedenza o un disavanzo entro la deviazione accettabile in conformità all'articolo 63 del FFP UEFA.

Fenerbache: accordo stipulato il 20 maggio 2016, copertura SA nelle successive stagioni 2016/17, 2017/18, 2018/19 e 2019/20. L'obiettivo principale dell'Accordo di transazione è garantire che il Club diventi conforme al Regolamento UEFA al più tardi nel periodo di monitoraggio 2019/20 (ossia al 30 giugno 2019, il penultimo anno, ndr); il risultato aggregato di pareggio per i periodi di riferimento 2017, 2018 e 2019 deve essere un'eccedenza o un disavanzo entro la deviazione accettabile in conformità all'articolo 63 del FFP UEFA.

Porto: accordo stipulato il 9 giugno 2017, copertura SA nelle successive stagioni 2017/18, 2018/19, 2019/20 e 2020/21. L'obiettivo principale dell'Accordo di transazione è garantire che il Club diventi conforme al Regolamento UEFA al più tardi nel periodo di monitoraggio 2020/2021 (ossia al 30 giugno 2020, il penultimo anno, ndr); il risultato aggregato di pareggio per i periodi di riferimento 2018, 2019 e 2020 deve essere un'eccedenza o un disavanzo entro la deviazione accettabile in conformità all'articolo 63 del FFP UEFA.

Galatasaray: accordo stipulato il 13 giugno 2018, copertura SA nelle successive stagioni 2018/19, 2019/20, 2020/21 e 2021/22. L'obiettivo principale dell'Accordo di transazione è garantire che il Club diventi conforme al Regolamento UEFA al più tardi nel periodo di monitoraggio 2021/2022 (ossia al 30 giugno 2021, il penultimo anno, ndr); il risultato aggregato di pareggio per i periodi di riferimento 2019, 2020 e 2021 deve essere un'eccedenza o un disavanzo entro la deviazione accettabile in conformità all'articolo 63 del FFP UEFA.

Maccabi Tel Aviv: accordo stipulato il 13 giugno 2018, copertura SA nelle successive stagioni 2018/19, 2019/20 e 2020/21. L'obiettivo principale dell'Accordo di transazione è garantire che il Club diventi conforme al Regolamento UEFA al più tardi nel periodo di monitoraggio 2020/2021 (ossia al 30 giugno 2020, il penultimo anno, ndr); il risultato aggregato di pareggio per i periodi di riferimento 2018, 2019 e 2020 deve essere un'eccedenza o un disavanzo entro la deviazione accettabile in conformità all'articolo 63 del FFP UEFA.

Olympique Marsiglia: accordo stipulato il 19 giugno 2019, copertura SA nelle successive stagioni 2019/20,

2020/21, 2021/22, 2022/23. L'obiettivo principale dell'Accordo di transazione è garantire che il Club diventi conforme al Regolamento UEFA al più tardi nel periodo di monitoraggio 2022/2023 (ossia al 30 giugno 2022, il penultimo anno, ndr); il risultato aggregato di pareggio per i periodi di riferimento 2020, 2021 e 2022 deve essere un'eccedenza o un disavanzo entro la deviazione accettabile in conformità all'articolo 63 del FFP UEFA.

Cluj: accordo stipulato il 19 giugno 2019, copertura SA nella successiva stagione 2019/20. L'obiettivo principale dell'Accordo di transazione è garantire che il Club diventi conforme al Regolamento UEFA al più tardi nel periodo di monitoraggio 2019/2020 (ossia al 30 giugno 2019); il risultato aggregato di pareggio per i periodi di riferimento 2017, 2018 e 2019 deve essere un'eccedenza o un disavanzo entro la deviazione accettabile in conformità all'articolo 63 del FFP UEFA.

Kairat: accordo stipulato il 19 giugno 2019, copertura SA nelle successive stagioni 2019/20 e 2020/21. L'obiettivo principale dell'Accordo di transazione è garantire che il Club diventi conforme al Regolamento UEFA al più tardi nel periodo di monitoraggio 2020/2021 (ossia al 30 giugno 2020); il risultato aggregato di pareggio per i periodi di riferimento 2018, 2019 e 2020 deve essere un'eccedenza o un disavanzo entro la deviazione accettabile in conformità all'articolo 63 del FFP UEFA.

Settlement Agreement: modus operandi e caratteristiche comuni ai precedenti.

Analizzando i succitati 25 accordi transattivi emergono delle caratteristiche comuni a ciascun Settlement Agreement. Benché infatti le durate delle coperture siano sempre diverse (annuali, biennali, triennali o quadriennali), così come sono diverse le misure finanziarie, economiche e regolamentari applicate, a ciascuna squadra viene sempre imposto di rispettare un solo deficit aggregato triennale pari a 30M entro il penultimo anno di copertura del Settlement Agreement, copertura che inizia nella stagione in corso o solitamente in quella successiva alla firma dell'accordo transattivo.

La caratteristica fondamentale, quindi, è il momento in cui la UEFA inizia a valutare i bilanci ai fini del conteggio di tale triennio:

- Nei casi di **copertura annuale del SA**, il triennio considerato dalla UEFA ai fini del deficit massimo (-30M) riguarda i due bilanci antecedenti alla firma del SA più quello in corso.

- Nei casi di **copertura biennale del SA**, il triennio considerato dalla UEFA ai fini del deficit massimo (-30M) riguarda il bilancio antecedente alla firma del SA, quello nel corso della firma del SA, e quello successivo.

- Nei casi di **copertura triennale del SA**, il triennio considerato dalla UEFA ai fini del deficit massimo (-30M) parte dalla stagione in cui si firma il SA. Tuttavia in due casi si è trattato di un biennio (City e PSG) entro cui i club dovevano rientrare nei limiti imposti dal SA.

- Nei casi di **copertura quadriennale del SA**, il triennio considerato dalla UEFA ai fini del deficit massimo (-30M) parte addirittura sempre dalla stagione successiva a quella in cui si firma l'accordo.

L'aspetto distintivo del SA è che il classico monitoraggio triennale che si succede anno dopo anno, scalando di una sola stagione, viene sostituito da un unico monitoraggio identico nei contenuti (-30M) ma che dura per 1, 2, 3 o 4 stagioni e che quindi proietta l'obiettivo finanziario in un futuro più lontano del solito (vedi l'immagine nel prossimo capitolo).

Ovviamente i casi peggiori e più restrittivi sono quelli che riguardano le squadre che hanno firmato dei Settlement Agreement annuali. In tal caso il margine per rientrare è davvero ridotto all'osso in quanto la UEFA, ai fini del deficit massimo tollerabile, considera due bilanci già chiusi e un terzo che si chiude nell'anno in cui si firma il SA.

Al contrario i Settlement Agreement più comodi sono quelli con una copertura triennale o quadriennale perché in nessuno di questi casi la UEFA ha mai considerato i bilanci già chiusi, quindi la valutazione è sempre iniziata dal bilancio in corso di firma SA o addirittura dal successivo.

Settlement Agreement: cosa è lecito attendersi per l'AC Milan.

La domanda da 1.000.000,00 di dollari è ovviamente questa: se il Milan, come presumibile e auspicabile, riuscirà a firmare un Settlement Agreement, quale trattamento riuscirà ad ottenere? La risposta probabilmente è contenuta all'interno della transazione firmata dinanzi al TAS, quindi è impossibile spingersi oltre.

Ad ogni modo, sulla base del modus operandi UEFA analizzato in precedenza, i casi ipotizzabili possono essere i seguenti a seconda della lunghezza della copertura del Settlement Agreement:

1 – Ipotesi di firma nella stagione 19/20 (primavera 2020) come affermato dalla stampa italiana:

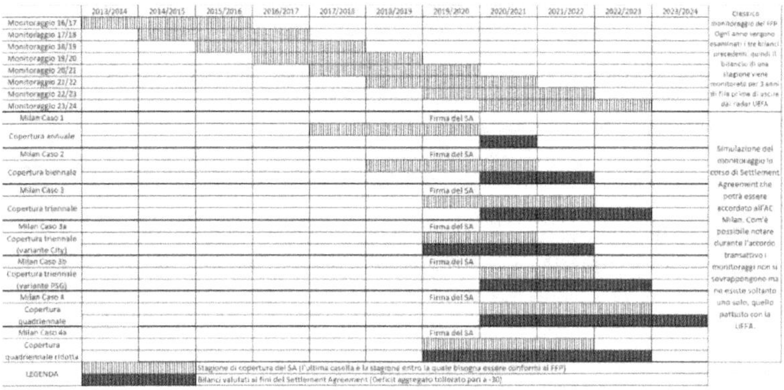

N.B. Il monitoring period 201X/201Y si conclude sempre al 30 giugno della stagione X. Quindi, ad esempio, il monitoraggio 18/19 si conclude al 30 giugno 2018 (bilanci analizzati: 15/16, 16/17, 17/18).

Nell'immagine qui sopra si evidenzia chiaramente la differenza tra il monitoraggio classico e, invece, il monitoraggio nei casi di Settlement Agreement ipotizzabili per l'AC Milan:

- Caso 1: se il Milan avrà un SA con **copertura annuale**, la UEFA analizzerà due bilanci già chiusi (17/18 e 18/19) oltre a quello 19/20. Questa ipotesi la ritengo altamente improbabile in quanto il Milan non avrebbe alcun vantaggio e si troverebbe in condizioni addirittura peggiori rispetto alla sanzione del dicembre 2018.

- Caso 2: se il Milan avrà un SA con **copertura biennale**, la UEFA analizzerà i bilanci 18/19, 19/20 e il 20/21. Questa ipotesi la ritengo improbabile, in quanto avremmo comunque l'obbligo di rispettare l'aggregato entro giugno 2021 (ipotesi analoga alla sanzione di dicembre 2018) e, inoltre, nei radar UEFA rientrerebbe il bilancio 18/19 che chiuderemo con un deficit monstre e che ci costringerebbe nel 19/20 a parecchie plusvalenze per rientrare nell'aggregato pattuito (-30M), con investimenti conseguenti assai ridotti.

- Casi 3: se il Milan avrà un SA con **copertura triennale**, la UEFA analizzerà i bilanci 19/20, 20/21 e 21/22. Questa ipotesi la ritengo probabile, in quanto nei radar UEFA rientrerebbe innanzitutto il bilancio 19/20, quindi il primo in corso di SA nel quale avremo già chiara la situazione e le necessità di bilancio. Ciò detto, in realtà potremmo anche avere un SA triennale simile a quello del City o PSG, quindi con copertura triennale ma con l'analisi aggregata di due bilanci anziché tre.

- Casi 4: se il Milan avrà un SA con **copertura quadriennale**, la UEFA analizzerà i bilanci 20/21, 21/22, 22/23 e 23/24. Questa ipotesi la ritengo auspicabile ma forse troppo vantaggiosa, giacché la UEFA, quando ha concesso dei SA quadriennali, ha iniziato sempre ad analizzare l'aggregato pattuito dalla stagione successiva. Quindi in questo caso il primo bilancio analizzato dalla UEFA sarebbe addirittura il 20/21. Una variante ipotizzabile e meno permissiva è quella che prevedrebbe un SA con copertura e aggregato che partirebbero dalla stagione 19/20.

2 – Ipotesi di firma nella stagione 20/21 (entro dicembre 2020 o nella primavera 2021) come affermato da Gazidis alla stampa italiana: *"La prossima volta che la UEFA guarderà i risultati finanziari sarà quando il Milan tornerà, come speriamo, a qualificarsi per una competizione europea nel 2020-21. La cosa che si può presupporre è che, nella fase in cui la UEFA tornerà sulla nostra situazione, avvii un percorso verso il Settlement Agreement se riscontrerà delle anomalie e si presume che possa essere un percorso di quattro anni"*. Infatti la UEFA fino ad oggi ha applicato le sanzioni solo nel momento in cui il club è rientrato in Europa, nel nostro caso si spera il 2020/2021:

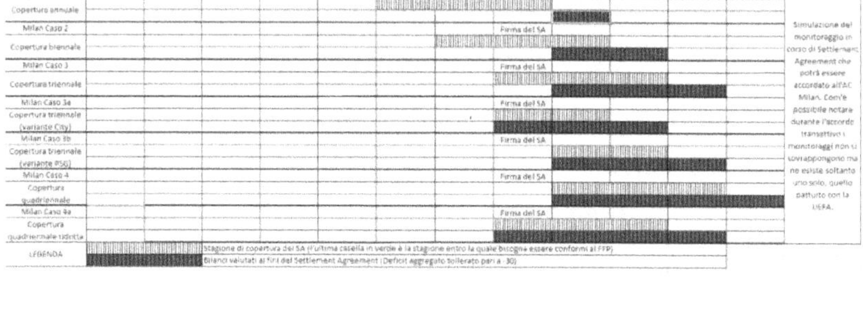

Nell'immagine qui sopra si evidenzia chiaramente la differenza tra il monitoraggio classico e, invece, il monitoraggio nei casi di Settlement Agreement ipotizzabili per l'AC Milan:

- Caso 1: se il Milan avrà un SA con **copertura annuale**, la UEFA analizzerà due bilanci già chiusi (18/19 e 19/20) oltre a quello 20/21. Questa ipotesi la ritengo altamente improbabile in quanto il Milan non avrebbe alcun vantaggio e si troverebbe in condizioni addirittura peggiori rispetto alla sanzione del dicembre 2018.

- Caso 2: se il Milan avrà un SA con **copertura biennale**, la UEFA analizzerà i bilanci 19/20, 20/21 e il 21/22. Questa ipotesi la ritengo improbabile, in quanto avremmo comunque l'obbligo di rispettare l'aggregato entro giugno 2022 e, inoltre, nei radar UEFA rientrerebbe il bilancio 19/20 che ci costringerebbe a parecchie plusvalenze per rientrare nell'aggregato pattuito (-30M), con investimenti conseguenti assai ridotti.

- Casi 3: se il Milan avrà un SA con **copertura triennale**, la UEFA analizzerà i bilanci 20/21, 21/22 e 22/23. Questa ipotesi la ritengo probabile, in quanto nei radar UEFA rientrerebbe innanzitutto il bilancio 20/21, quindi il primo in corso di SA nel quale avremo già chiara la situazione e le necessità di bilancio. Ciò detto, in realtà potremmo anche avere un SA triennale simile a quello del City o PSG, quindi con copertura triennale ma con l'analisi aggregata di due bilanci anziché tre.

- Casi 4: se il Milan avrà un SA con **copertura quadriennale**, la UEFA analizzerà i bilanci 21/22, 22/23, 23/24e 24/25. Questa ipotesi la ritengo auspicabile ma forse troppo vantaggiosa, giacché la UEFA, quando ha concesso dei SA quadriennali, ha iniziato sempre ad analizzare l'aggregato pattuito dalla stagione successiva. Quindi in questo caso il primo bilancio analizzato dalla UEFA sarebbe addirittura il 22/22. Una variante ipotizzabile e meno permissiva è quella che prevedrebbe un SA con copertura e aggregato che partirebbero dalla stagione 20/21.

Alla luce della succitata analisi, non possiamo far altro che attendere e sperare che il Milan firmi finalmente un Settlement Agreement che possa concedere al club di conformarsi al FFP senza ulteriori gravosi sacrifici. **Tuttavia questo sarà soltanto il presupposto per la rinascita di una società che dovrà necessariamente passare attraverso l'aumento del fatturato (entrate commerciali e stadio di proprietà su tutti).**

I contenziosi con la UEFA, senz'altro utili per ottenere un trattamento equo, adesso devono lasciare spazio ad una illuminata gestione aziendale.

20) Dentro la CFCB: la camera giudicante.

Le norme che disciplinano il procedimento all'interno della camera giudicante sono rubricate negli articoli dal 19 al 34.

La camera giudicante decide in merito ai casi ad essa rivolti dal capo degli investigatori della CFCB, dal presidente della CFCB o su richiesta ai sensi dell'articolo 16, paragrafo 2.

Il procedimento è condotto dal presidente della CFCB. Nel concreto, il presidente della CFCB informa il convenuto dell'apertura della fase di giudizio. Successivamente il presidente della CFCB invita il convenuto a presentare le sue **osservazioni scritte** entro un termine adeguato.

Dopo la presentazione delle osservazioni scritte, il convenuto non può presentare ulteriori documenti alla camera giudicante, salvo circostanze eccezionali e con il consenso del presidente della CFCB.

Il presidente della CFCB può, di propria iniziativa o su richiesta del convenuto, convocare un'audizione orale.

Alle **audizioni** può partecipare il convenuto, i suoi consulenti legali e tecnici e, con il permesso del presidente della CFCB, qualsiasi altra persona. Come regola generale, l'investigatore segnalante deve essere ascoltato per primo, seguito dal convenuto.

I testimoni e gli esperti possono anche essere ascoltati come ritenuto appropriato dal presidente della CFCB. Le **udienze sono confidenziali** e il loro contenuto non può essere divulgato o pubblicato, a meno che il presidente del CFCB non indichi diversamente.

Le associazioni e i club membri direttamente interessati e che hanno un interesse legittimo a partecipare ai procedimenti dinanzi alla camera giudicante possono essere invitati o accettati a fare ciò in qualità di **intervenienti**.

Ogni parte che intenda intervenire in giudizio deve presentare una domanda scritta per intervenire, unitamente alle motivazioni, entro sette giorni da quando il procedimento diventa noto (alla parte che cerca di intervenire).

Il presidente della CFCB decide in quale misura una parte interveniente può partecipare al procedimento dinanzi alla camera giudicante o avere accesso al fascicolo.

Per quanto riguarda il **materiale probatorio**, le norme prevedono quanto segue.

La camera giudicante può chiedere all'investigatore segnalante o al convenuto di produrre le prove che la camera giudicante può ritenere opportune per la determinazione del caso.

La camera giudicante, altresì, determina l'ammissibilità, la rilevanza e il peso delle prove offerte.

Le **deliberazioni** della camera giudicante sono confidenziali e non possono essere divulgate a nessun'altra persona. Le deliberazioni, inoltre, possono aver luogo tramite videoconferenza o corrispondenza telefonica o corrispondenza.

Per ciò che attiene al **quorum necessario per le deliberazioni**, la camera giudicante prende la decisione finale in presenza di **almeno tre dei suoi membri (incluso il presidente della CFCB) che hanno partecipato alle deliberazioni.**

La camera giudicante prende la **decisione finale a maggioranza semplice. Le astensioni non devono essere prese in considerazione**. In caso di parità, il presidente della CFCB ha il voto decisivo.

Nel rendere la sua decisione finale, la camera giudicante applica gli Statuti, le norme e i regolamenti UEFA e, inoltre, la legge svizzera.

La camera giudicante può prendere le seguenti decisioni finali:

a) chiudere il caso; o

b) accettare o rifiutare l'ammissione del club alla competizione UEFA per club; o

c) imporre misure disciplinari in conformità con le presenti norme; o

d) sostenere, respingere o modificare una decisione dell'investigatore capo della CFCB.

Qualora lo ritenga opportuno, la camera giudicante determina il tipo e l'estensione delle **misure disciplinari** da imporre in base alle circostanze del caso.

Le misure disciplinari sono tipizzate e possono essere imposte nei confronti di **qualsiasi convenuto diverso da un individuo**.

Eccole nel dettaglio:

a) avvertimento

b) richiamo

c) multa

d) decurtazione di punti

e) trattenuta degli introiti ricavati da una competizione UEFA

f) divieto di iscrizione di nuovi giocatori alle competizioni UEFA

g) limitazione del numero di giocatori che un club può iscrivere alle competizioni UEFA, compreso un limite finanziario al costo totale aggregato dei salari per i giocatori registrati nella lista A delle competizioni UEFA per club

h) squalifica dalle competizioni in corso e/o esclusione da future competizioni

i) revoca di un titolo o di un premio

Altresì, possono essere imposte le seguenti sanzioni disciplinari contro **qualsiasi convenuto che sia una persona**:

a) avvertimento,

b) richiamo,

c) multa,

d) sospensione per un numero specificato di partite o per un periodo specificato o non specificato,

e) sospensione dall'esecuzione di una funzione per un determinato numero di partite o per un periodo specificato o non specificato,

f) divieto di esercitare attività connesse al calcio.

Le misure disciplinari possono essere combinate.

Ai sensi dell'art. 30, inoltre, **una misura disciplinare può essere sospesa** in tutto o in parte, per un determinato periodo di tempo o fino al verificarsi di un determinato evento.

Per ciò che attiene alla **forma e al contenuto della decisione finale**, la camera giudicante emette la sua decisione finale per iscritto.

In particolare la decisione finale contiene:

a) la data e il luogo della decisione;

b) i nomi dei membri della camera giudicante che hanno preso parte alle deliberazioni;

c) il nome del convenuto;

d) una sintesi dei fatti e delle prove pertinenti;

e) i motivi su cui si basa la decisione;

f) il dispositivo della decisione, compresa l'eventuale ripartizione dei costi;

g) la firma del presidente della CFCB;

h) comunicazione delle condizioni per il ricorso (compresa la forma, l'organo competente e il termine di ricorso).

In casi urgenti il dispositivo della decisione finale può essere comunicato al convenuto prima della piena decisione motivata. **La decisione sarà esecutiva dalla data di notifica del dispositivo.**

La decisione finale della camera giudicante è **notificata al convenuto mediante raccomandata o fax.**

Una sintesi del contenuto e dell'effetto di qualsiasi decisione finale della camera giudicante sarà annunciata sul sito web della UEFA immediatamente dopo che la decisione è stata notificata al convenuto.

Le decisioni definitive della camera giudicante sono pubblicate entro ventuno giorni dalla data della loro

comunicazione al convenuto, a meno che non siano oggetto di appello ai sensi dell'articolo 34.

La camera giudicante può, a seguito di una richiesta motivata del convenuto presentata entro due giorni dalla data di comunicazione della decisione, proteggere le informazioni riservate o i dati personali.

Una parte che si considera direttamente interessata da una decisione definitiva della camera giudicante e che rivendica il diritto di ricorso al CAS ai sensi dell'articolo 34, paragrafo 1, può, entro tre giorni dall'annuncio della sintesi della decisione sul sito web della UEFA in conformità con l'articolo 33, paragrafo 2, inviare una richiesta motivata al presidente del CFCB affinché sia fornita una copia della decisione finale. Il Presidente CFCB prenderà quindi in considerazione tale richiesta ed emetterà la propria decisione.

L'art. 34 del regolamento procedurale disciplina **l'appello avverso le decisioni della camera giudicante**. Nello specifico, una parte direttamente interessata ha il diritto di presentare ricorso contro una decisione finale del CFCB. Le decisioni finali della CFCB possono essere impugnate **solo dinanzi alla Corte di arbitrato per lo sport (CAS)** in conformità con le disposizioni pertinenti degli Statuti UEFA.

Il comma 3 dell'articolo 34, inoltre, prevede un tempo limite entro cui poter prendere in considerazione i fatti discussi dinanzi alla UEFA ed oggetto di ricorso al CAS. E' bene sottolineare che questo comma non era presente nella precedente edizione delle *procedural rules*. Probabilmente, quindi, la UEFA è corsa ai ripari dopo che nell'estate 2018, nel procedimento dinanzi al TAS, i giudici di Losanna hanno dato ragione all'AC Milan per ciò che concerne il perimetro fattuale riguardante avvenimenti accaduti dopo il ricorso (nello specifico, il subentro di Elliott al precedente proprietario che ha modificato in meglio la situazione finanziaria del club rossonero).

La nuova formulazione dell'art. 34, infatti, prevede che in considerazione di (i) i requisiti specifici del sistema di fair play finanziario, (ii) la necessità di applicare periodi di monitoraggio e di rendicontazione coerenti a tutti i club, (iii) l'obiettivo di trattare tutti i club allo stesso modo, e quindi in nell'interesse di una buona amministrazione della giustizia, la data di riferimento pertinente per la valutazione dei dati finanziari ed economici, dei fatti e delle prove presentati dalle parti nei procedimenti dinanzi al CAS non deve essere successiva alla data della decisione finale della camera investigativa o giudicante.

21) Altre regole applicabili all'interno della CFCB.

Ai sensi dell'art. 35, l'amministrazione UEFA è competente per far rispettare le decisioni della CFCB. **Se una decisione impone misure disciplinari, la sua esecuzione è prescritta dopo dieci anni.**

Per ciò che riguarda l'eventuale rettifica delle decisioni, a norma dell'art. 36 la CFCB può, in qualsiasi momento, correggere eventuali errori di calcolo o qualsiasi altro errore evidente emesso nelle sue decisioni.

Il perseguimento di una violazione è vietato dopo cinque anni (prescrizione) per tutte le violazioni dei Regolamenti UEFA sulle Licenze Club e sui Fair Play Finanziari.

Per ciò che attiene il **decorso dei termini**, quest'ultimi decorrono dalla data a partire dalla quale la decisione viene notificata o pubblicata, a seconda di qual è la prima. Un termine si considera osservato se effettuato entro le 24.00 CET (ora dell'Europa centrale) alla data di scadenza. **Le festività ufficiali e i giorni non lavorativi sono inclusi nel calcolo dei termini. Quando una scadenza cade il sabato, la domenica o i giorni festivi nel cantone svizzero di Vaud, dove si trova il quartier generale della UEFA, il termine viene portato avanti al successivo giorno lavorativo.**

Al ricevimento di una richiesta scritta motivata, l'investigatore capo della CFCB o il presidente della CFCB possono prorogare il termine entro un certo limite.

In ogni caso i termini sono interrotti dal 20 dicembre al 5 gennaio compresi.

La lingua del procedimento è **l'inglese o il francese.**

Su richiesta scritta almeno tre giorni prima del giorno dell'audizione, un interprete deve essere fornito al convenuto a spese di quest'ultimo.

Qualsiasi documento giustificativo espresso in un'altra lingua deve essere accompagnato da una traduzione in inglese o francese certificata dal convenuto che la trasmette come accurata.

Per ciò che concerne il diritto di rappresentanza, il convenuto può essere rappresentato da una persona di sua scelta.

L'investigatore capo della CFCB o il presidente della CFCB può richiedere al rappresentante di fornire una procura scritta.

Ai sensi dell'art. 41, infine, l'investigatore capo della CFCB o presidente della CFCB possono ordinare misure provvisorie o conservative.

22) Il Fair Play Finanziario made in Italy.

Articolo pubblicato sul blog il 26.04.2018

A partire dalla stagione 2018/2019 anche l'Italia avrà il suo Fair Play Finanziario.

Già, avete capito bene. Lo spauracchio che agita le notti insonni di molti tifosi, infatti, è stato deliberato due anni fa dalla F.I.G.C. con il Comunicato Ufficiale n. 263/A ed **a partire dalla prossima stagione il pareggio di bilancio sarà un requisito da rispettare per potersi iscrivere al campionato italiano di Serie A**. Ma entriamo nel dettaglio.

RICAVI E COSTI RILEVANTI

I **ricavi** che il FPF made in Italy considera "rilevanti" ai fini del conteggio sono i ricavi da gare, proventi da diritti televisivi, proventi da sponsorizzazioni e pubblicitari, ricavi da attività commerciali e royalties, altri ricavi operativi, ricavi/proventi/plusvalenze da gestione dei calciatori e proventi finanziari. Non includono ricavi non monetari e i ricavi non derivanti dall'attività tipica.

I **costi** rilevanti sono definiti come costi dell'attività sportiva e costi amministrativi, costi del personale e relativi oneri sociali, ammortamenti dei diritti pluriennali dei

calciatori,
costi/minusvalenze da gestione dei calciatori, interessi ed oneri finanziari.

Non includono costi non monetari, oneri finanziari riconducibili alla costruzione di immobilizzazioni materiali, costi per investimenti nell'impiantistica sportiva, costi per lo sviluppo sociale, costi sostenuti per il settore giovanile inclusivi dei costi per il calcio femminile, costi non riconducibili all'attività tipica.

Dunque anche il FPF made in Italy, così come quello europeo, prevede delle spese virtuose che saranno espunte dal calcolo che poi andrà a generare la valutazione.

PERIODO DI RILEVAZIONE E DEFICIT TOLLERABILE

Anche nel nostro FPF si terrà in considerazione non di un singolo esercizio di bilancio, bensì dei **tre esercizi che precedono l'iscrizione al campionato**. Quindi, ad esempio, per il campionato 2025 si terranno in considerazione gli esercizi chiusi nel 2022, 2023 e 2024. Il risultato che verrà preso in considerazione è quello costituito dalla **differenza tra i ricavi rilevanti e i costi rilevanti e deve essere calcolato per ogni esercizio**. Nel caso in cui i costi rilevanti siano inferiori ai ricavi rilevanti per un determinato esercizio, la società avrà un **surplus** di bilancio (c.d. attivo).

Nel caso in cui i costi rilevanti siano superiori ai ricavi rilevanti per un determinato esercizio, la società avrà un **deficit** di bilancio. Qualora il deficit complessivo sia superiore alla deviazione accettabile, la differenza dovrà essere integralmente coperta da apporti di mezzi propri effettuati mediante aumento di capitale interamente sottoscritto e versato, versamenti in conto futuro aumento di capitale e finanziamenti postergati ed infruttiferi dei soci.

Primo aiuto: se non viene rispettata la deviazione massima consentita ci si potrà comunque iscrivere al campionato purché si abbia una proprietà solvibile che quindi copra i deficit con mezzi propri.

Secondo aiuto: se nel triennio un club risultasse in rosso, potrà contenere il deficit utilizzando il surplus dei due anni precedenti (quindi del 4° e del 5° periodo antecedente), sempre che abbia avuto un surprlus (attivo) in quei due anni.
Se la società in questione farà parte di un "gruppo", si terrà in considerazione il bilancio consolidato della società controllante il gruppo sportivo.

Terzo aiuto: la deviazione ritenuta tollerabile dal FPF made in Italy è pari al 25% della media del valore della produzione degli esercizi di riferimento. Com'è facile intuire questo è un grosso vantaggio soprattutto per le big, che quindi avranno più margini di manovra. Salvo casi abbastanza drastici, nei quali vi rientrano quei club che negli ultimi anni hanno avuto fortissimi deficit di bilancio. Milan incluso.

N.B. Le prossime ipotesi prendono in considerazione i bilanci ufficiali così come redatti dall'AC Milan, ***quindi non secondo i parametri indicati dalla FIGC ai fini del FPF****.*

Il valore della produzione del Diavolo negli ultimi 3 esercizi (compreso l'ultimo che si chiuderà il 30 giugno 2018) è stato pari a:

- *2015 = Valore produzione: 213,4M (perdita consolidata di 89,3M)*
- *2016 = Valore produzione: 236M (perdita consolidata 74,9M)*
- *2017/2018 = Valore produzione: 263M (perdita consolidata 74,9M) (ipotesi prudenziale considerato il video riepilogativo di fine agosto e l'ultima semestrale, i numeri ufficiali li scopriremo solo ad ottobre 2018)*

- ***Totale deficit nel triennio = 239,1M***

- *Media del valore della produzione nei tre esercizi di riferimento = 237,4M*

- ***2018/2019 = 25% di 237,4M = 59,36M deficit massimo tollerabile su un totale di 238,8M***

Dunque il deficit massimo che il Milan potrebbe avere per iscriversi al prossimo campionato è di 59,36M. Un requisito chiaramente impossibile da raggiungere visto che la somma dei tre deficit nel periodo di rilevamento ammonta a 238,8M.
Per questo motivo la FIGC ha previsto una norma transitoria che nel corso del primo anno agevola il compito a tutti i club con forti deficit che, quindi, per iscriversi al campionato 18/19 potranno prendere in considerazione soltanto gli ultimi due periodi di riferimento (2016 e 2017), con il deficit del 2016 preso in considerazione al 50%.
Dunque applicando questa norma transitoria all'ipotetica situazione rossonera:

- *2016 = Valore produzione: 236M (perdita consolidata 74,9M / 2 = 37,45M)*

- *2017/2018 = Valore produzione: 263M (perdita consolidata 74,9M) (ipotesi prudenziale considerato il vi-*

deo riepilogativo di fine agosto e l'ultima semestrale, i numeri ufficiali li scopriremo solo ad ottobre 2018)

- *Totale ipotetico deficit nel periodo transitorio = 112,35M*

- *Media ipotetica del valore della produzione nei due esercizi di riferimento = 249,5M*

- ***2018/2019 = 25% di 249,5M = 62,3M deficit massimo tollerabile su un totale di 112,35M.***

Anche in questo caso, quindi, il Milan non riuscirebbe a soddisfare i requisiti per potersi iscrivere al prossimo campionato, **tuttavia come già detto 1) stando al dato letterale della normativa per potersi iscrivere al campionato è sufficiente ripianare il deficit anche se questo supera la deviazione massima consentita, 2) queste cifre non sono state calcolate rispettando i criteri del FPF e 3) nessuno conosce i veri numeri del bilancio** attuale che potrebbero rivelare, invece, delle valutazioni ben diverse, quindi un valore della produzione più alto rispetto a 263M e un deficit più basso rispetto a 74,9M.

In questo caso, ed è così al 100% visto che quelle sono cifre ipotizzate, tutto andrebbe riparametrato. Ad ogni modo lo scrivente è certo che la proprietà fosse ben consapevole di questi requisiti e che quindi si sia comportata di conseguenza, in modo tale da poterli soddisfare tutti e potersi iscrivere senza problemi al prossimo campionato. Malgrado, ed è bene sottolinearlo, la nuova proprietà debba scontare i fortissimi deficit prodotti dalla precedente gestione (sia nel FPF italiano che europeo).

SPROFONDO ROSSO: LA CO.VI.SO.C. BLOCCA IL MERCATO

Ma non finisce qui. Oltre ai requisiti sopra citati, la FIGC ne ha previsto un altro dalle maglie più larghe ma con conseguenze assai più drastiche. **Nel caso in cui il deficit complessivo**, dopo aver preso in considerazione anche il surplus (se presente) risultante dalla somma dei risultati di bilancio dei periodi di riferimento T-3 e T-4, **sia superiore alla deviazione accettabile ed ecceda anche un valore-soglia pari al 50% della media del valore della produzione degli esercizi di riferimento** (T, T-1 e T-2), **la Co.Vi.So.C. disporrà il divieto di tesseramento di nuovi calciatori professionisti per due sessioni di campagna trasferimenti.**

Tale sanzione sarà applicata a decorrere dalla stagione sportiva 2019/2020 e riguarderà la sessione estiva e la successiva sessione invernale della medesima stagione sportiva.

Per nostra fortuna il Milan, grazie alla norma transitoria,

non è messo così male da incappare anche in questa sanzione. Ma indubbiamente nell'immediato futuro sarà necessario spingere al massimo sui ricavi, progettare nuovi fonti di guadagno (stadio) e massimizzare nonché razionalizzare i costi, come già stiamo facendo con i procuratori.

GLI ADEMPIMENTI DI NATURA FINANZIARIA PER L'ISCRIZIONE AL CAMPIONATO

Il sistema di licenze nazionali 2018/2019 prevede una corposa serie di adempimenti da parte delle società che vogliono iscriversi al massimo campionato italiano di calcio.
L'inosservanza delle scadenze legate a questi adempimenti comporta delle sanzioni che vanno dall'illecito disciplinare all'ammenda, per finire con la penalizzazione di tot. punti nel campionato di Serie A 2018/2019.
Ecco nel dettaglio i principali adempimenti da parte delle società calcistiche e le relative scadenze:

Le società devono, **entro il termine del 23 maggio 2018**, osservare i seguenti adempimenti:
1) **depositare presso la Co.Vi.So.C.**, anche mediante fax o posta elettronica certificata, il **prospetto relativo al "pareggio di bilancio", calcolato secondo quanto previsto dal Comunicato Ufficiale n. 263/A del 27 gennaio 2016**, sottoscritto dal legale rappresentante della società e

dal soggetto responsabile del controllo contabile o dal presidente del collegio sindacale o del consiglio di sorveglianza o dal revisore unico.

L'inosservanza del suddetto termine costituisce **illecito disciplinare** ed è sanzionata, su deferimento della Procura Federale, dagli organi della giustizia sportiva, con la **penalizzazione di un punto in classifica**, da scontarsi nel campionato 2018/2019. In caso di mancato rispetto del requisito del pareggio di bilancio, la contestazione da parte della Co.Vi.So.C. verrà effettuata entro il 18 giugno 2018. **Il ripianamento dell'eventuale deficit di bilancio, rispetto alla deviazione accettabile, potrà essere effettuato entro il termine del 6 luglio 2018** mediante le seguenti modalità:
a) versamenti in conto futuro aumento di capitale;
b) aumento di capitale integralmente sottoscritto e versato;
c) finanziamenti postergati ed infruttiferi dei soci;

2-3) **depositare presso la Co.Vi.So.C.**, anche mediante fax o posta elettronica certificata, **copia dei contratti relativi ad acquisizioni internazionali dei calciatori, a titolo definitivo o temporaneo, intervenute dall'1 gennaio 2017 al 31 dicembre 2017, e anche fino al 31 dicembre 2016**, e degli accordi di dilazione di pagamento concernenti detti contratti, corredati dalla eventuale **do-**

cumentazione bancaria attestante l'avvenuto pagamento dei debiti scaduti alla data del 31 marzo 2018 nei confronti di società affiliate a Federazioni estere, relativi a corrispettivi, anche variabili, indennità di formazione e contributi di solidarietà di cui agli artt. 20 e 21 del Regolamento FIFA sullo Status e i Trasferimenti dei calciatori, dovuti per i predetti contratti e accordi di dilazione. In caso di contenziosi riguardanti l'assolvimento dei suddetti debiti per acquisizioni internazionali dei calciatori, le società devono depositare presso la Co.Vi.So.C., anche mediante fax o posta elettronica certificata, copia della documentazione riguardante la lite non temeraria instaurata innanzi al competente organo;

Le società di Serie A che abbiano ottenuto la Licenza UEFA per la stagione sportiva 2018/2019, sono esonerate dagli adempimenti di cui ai precedenti punti 2) e 3).
L'inosservanza del suddetto termine, anche con riferimento ad uno soltanto degli adempimenti previsti dai precedenti punti 2) e 3) costituisce **illecito disciplinare** ed è sanzionata, su deferimento della Procura Federale, dagli organi della giustizia sportiva, per ciascun inadempimento, con **l'ammenda** non inferiore ad euro 20.000,00.

B) Le società devono, **entro il termine del 31 maggio 2018**, osservare il seguente adempimento: 1) depositare presso la Co.Vi.So.C., anche mediante fax o posta elettronica certificata, copia delle comunicazioni dei dati delle **liquidazioni periodiche IVA** relative ai diversi trimestri dell'anno d'imposta 2017 e, se intervenuto il pagamento, anche una dichiarazione, sottoscritta dal legale rappresentante della società e dal soggetto responsabile del controllo contabile o dal presidente del collegio sindacale o del consiglio di sorveglianza o dal revisore unico, corredata dai **modelli "F24" e dalle relative quietanze elettroniche o cartacee** (.....) L'inosservanza del suddetto termine costituisce **illecito disciplinare** ed è sanzionata, su deferimento della Procura Federale, dagli organi della giustizia sportiva, con **l'ammenda** non inferiore ad euro 20.000,00.

C) Le società devono, **entro il termine del 12 giugno 2018**, osservare il seguente adempimento: 1) depositare presso la Co.Vi.So.C., anche mediante fax o posta elettronica certificata, ove non siano stati depositati in precedenza, il **prospetto contenente l'indicatore di Liquidità al 31 marzo 2018, l'indicatore di Indebitamento e l'indicatore di Costo del Lavoro** Allargato calcolati secondo quanto previsto dall'art. 85, lett. A), paragrafo VIII, delle NOIF (....) **unitamente alla situazione patrimoniale intermedia al 31 marzo 2018**, approvata dall'organo amministrativo e corredata dalla relazione contenente il giudizio della società di revisione ("limited review").

L'inosservanza del suddetto termine costituisce **illecito disciplinare** ed è sanzionata, su deferimento della Procura Federale, dagli organi della giustizia sportiva, con la **penalizzazione di un punto in classifica**, da scontarsi nel campionato 2018/2019.
In caso di **mancato rispetto dell'indicatore di Liquidità al 31 marzo 2018 nella misura minima di 0,6**, la contestazione da parte della Co.Vi.So.C. verrà effettuata entro il 18 giugno 2018. **Il ripianamento della eventuale carenza finanziaria potrà essere effettuato, entro il termine del 6 luglio 2018** ai fini del raggiungimento della misura minima dell'indicatore di Liquidità mediante le seguenti modalità:
a) versamenti in conto futuro aumento di capitale;
b) aumento di capitale integralmente sottoscritto e versato;
c) finanziamenti postergati ed infruttiferi dei soci.

D) Le società devono, **entro il termine del 26 giugno 2018**, osservare i seguenti adempimenti:
1) depositare presso la Co.Vi.So.C., anche mediante fax o posta elettronica certificata, una dichiarazione, sottoscritta dal legale rappresentante della società (....) attestante **l'avvenuto pagamento dei debiti,**

scaduti alla data del 31 marzo 2018, nei confronti di società affiliate a Federazioni estere, relativi a corrispettivi, anche variabili, indennità di formazione e contributi di solidarietà di cui agli artt. 20 e 21 del Regolamento FIFA sullo Status e i Trasferimenti dei calciatori, dovuti per le acquisizioni internazionali dei calciatori a titolo definitivo e temporaneo, intervenute fino alla data del 31 dicembre 2017, corredata da:
a) copia dei contratti relativi ad acquisizioni internazionali dei calciatori, corredati dal passaporto sportivo del calciatore noto al momento del trasferimento, di cui alla precedente lettera A) punti 2) e 3), ove non siano stati depositati in precedenza;
b) copia degli accordi di dilazione di pagamento di cui alla precedente lettera A) punti 2) e 3), ove non siano stati depositati in precedenza;
c) copia della documentazione riguardante la lite non temeraria instaurata innanzi al competente organo, di cui alla precedente lettera A) punti 2) e 3), ove non sia stata depositata in precedenza;
d) **copia della documentazione bancaria attestante l'avvenuto pagamento dei debiti scaduti alla data del 31 marzo 2018, ove non sia stata depositata in precedenza**.

L'inosservanza del suddetto termine, anche con riferimento ad uno soltanto degli adempimenti previsti dal precedente punto 1), lettere a), b), c) e d) costituisce **illecito disciplinare** ed è sanzionata, su deferimento della Procura Federale, dagli organi della giustizia sportiva, con la **penalizzazione di un punto in classifica**, per ciascun inadempimento, da scontarsi nel campionato 2018/2019. **Le società di Serie A che abbiano ottenuto la Licenza UEFA per la stagione sportiva 2018/2019, sono esonerate dagli adempimenti di cui al precedente punto 1), lettere a), b), c) e d);**

2-3-4) depositare presso la Co.Vi.So.C., anche mediante fax o posta elettronica certificata, una dichiarazione, sottoscritta dal legale rappresentante della società e dal soggetto responsabile del controllo contabile o dal presidente del collegio sindacale o del consiglio di sorveglianza o dal revisore unico, attestante **l'avvenuto pagamento de**:

- **emolumenti** dovuti, fino al mese di maggio 2018 compreso, ai tesserati con contratti ratificati dalla competente Lega o l'esistenza di contenziosi allegando la documentazione comprovante la pendenza della lite non temeraria

- **compensi**, ivi compresi gli incentivi all'esodo, dovuti ai tesserati, fino al mese di maggio 2018 incluso, in forza di accordi, depositati presso la Lega competente, direttamente e/o indirettamente collegati al contratto economico, fatta salva l'esistenza di contenziosi per i quali andrà allegata la documentazione comprovante la pendenza della lite non temeraria;

- **emolumenti**, ivi compresi i compensi professionali assoggettati ad IVA, dovuti dall'1 luglio 2017 al 31 maggio 2018, per le figure di seguito riportate, ove non già ricomprese nel precedente punto 2): Medico Responsabile Sanitario, Operatori Sanitari prima squadra, Preparatori Atletici prima squadra, Delegato e Vice Delegato alla sicurezza, Delegato ai rapporti con la tifoseria, Dirigente Responsabile della Gestione, Segretario Generale/Sportivo, Responsabile Amministrazione, Finanza e Controllo, Responsabile Ufficio Stampa, Responsabile Marketing/Commerciale, Responsabile del Settore Giovanile, Team Manager, Direttore Sportivo o l'esistenza di contenziosi allegando la documentazione comprovante la pendenza della lite non temeraria.

L'inosservanza del suddetto termine, anche con riferimento ad uno soltanto degli adempimenti previsti dai precedenti punti 2), 3) e 4) costituisce **illecito disciplinare** ed è sanzionata, su deferimento della Procura Federale, dagli organi della giustizia sportiva con la **penalizzazione di**

due punti in classifica da scontarsi nel campionato 2018/2019.

E) Le società devono, **entro il termine del 30 giugno 2018**, osservare i seguenti adempimenti: 1) depositare, a pena di decadenza, presso la Lega Nazionale Professionisti Serie A, anche mediante fax o posta elettronica certificata, **la domanda di ammissione al campionato di Serie A 2018/2019**, contenente la richiesta di concessione della Licenza Nazionale; 2) depositare presso la Co.Vi.So.C., anche mediante fax o posta elettronica certificata, ove non sia stato depositato in precedenza, **copia del bilancio d'esercizio al 30 giugno 2017**, se l'esercizio sociale coincide con la stagione sportiva, ovvero al 31 dicembre 2017, se l'esercizio sociale coincide con l'anno solare. Il bilancio deve essere approvato e corredato dalla relazione della società di revisione; 3) depositare presso la Co.Vi.So.C., anche mediante fax o posta elettronica certificata, ove non sia stata depositata in precedenza, **copia della relazione semestrale al 31 dicembre 2017,** nel caso in cui l'esercizio sociale coincida con la stagione sportiva. La relazione semestrale deve essere approvata dall'organo amministrativo e corredata dalla relazione della società di revisione (limited review); 4) depositare presso la Co.Vi.So.C., anche mediante fax o posta elettronica certificata, ove non siano state depositate in precedenza, le seguenti **informazioni economico-**

finanziarie previsionali (budget), su base semestrale, per il periodo di dodici mesi, compreso tra il 1° luglio 2018 ed il 30 giugno 2019:
a) budget del conto economico;
b) budget dello stato patrimoniale;
c) budget del rendiconto finanziario;
d) note esplicative comprensive di presupposti, rischi e confronti tra i budget ed i valori effettivi riscontrati nell'ultimo bilancio (....) con particolare riguardo agli elementi di discontinuità.

5-6-7) depositare presso la Co.Vi.So.C., anche mediante fax o posta elettronica certificata, una dichiarazione, sottoscritta dal legale rappresentante della società e dal soggetto responsabile del controllo contabile o dal presidente del collegio o del consiglio di sorveglianza o dal revisore unico, corredata dai **modelli "F24" e dalle relative quietanze cartacee o elettroniche**, ove non siano state depositate in precedenza, **attestante l'avvenuto pagamento delle ritenute Irpef** riguardanti gli emolumenti dovuti, fino al mese di aprile 2018 compreso **e dei contributi Inps**, riguardanti gli:

- emolumenti dovuti, fino al mese di maggio 2018 compreso, a tesserati con contratti ratificati dalla competente Lega.

- compensi, ivi compresi gli incentivi all'esodo dovuti ai tesserati, fino al mese di aprile 2018 incluso

- emolumenti, ivi compresi i compensi professionali assoggettati ad IVA, dovuti per il periodo 1° luglio 2017-30 aprile 2018 e dei contributi Inps, riguardanti gli emolumenti dovuti per il periodo 1° luglio 2017-31 maggio 2018, per le figure di seguito riportate, ove non già ricomprese nel precedente punto 5): Medico Responsabile Sanitario, Operatori Sanitari prima squadra, Preparatori Atletici prima squadra, Delegato e Vice Delegato alla sicurezza, Delegato ai rapporti con la tifoseria, Dirigente Responsabile della Gestione, Segretario Generale/Sportivo, Responsabile Amministrazione, Finanza e Controllo, Responsabile Ufficio Stampa, Responsabile Marketing/Commerciale, Responsabile del Settore Giovanile, Team Manager, Direttore Sportivo

8) **L'avvenuto pagamento dei tributi IRES, IRAP ed IVA** e delle ritenute IRPEF sui redditi di lavoro dipendente, esposti nelle relative dichiarazioni ovvero scaturenti da comunicazioni di irregolarità emesse dall'Agenzia delle Entrate, riferiti ai periodi di imposta terminati entro il 31 dicembre degli anni 2011, 2012, 2013, 2014, 2015 e 2016.

9-10-11) Depositare presso la Co.Vi.So.C., anche mediante fax o posta elettronica certificata, ove non siano state depositate in precedenza, copia delle comunicazioni dei dati delle liquidazioni periodiche IVA, copia delle ricevute telematiche attestanti l'avvenuta trasmissione delle dichiarazioni relative al periodo d'imposta terminato entro il 31 dicembre 2016, nota contenente gli estremi di uno o più conti correnti bancari intestati alla società, accesi presso una o più Banche operanti sul territorio nazionale e dedicati esclusivamente ai pagamenti degli emolumenti, delle ritenute Irpef, dei contributi Inps e di altri contributi.

L'inosservanza del suddetto termine, **anche con riferimento ad uno soltanto degli adempimenti previsti dai precedenti punti 2), 3), 4), 5), 6), 7), 8), 9), 10) e 11)**, costituisce **illecito disciplinare** ed è sanzionata, su deferimento della Procura Federale, dagli organi della giustizia sportiva, **per ciascun inadempimento** di cui ai punti 2), 3), 4), 8), 9), 10) e 11) con la **penalizzazione di un punto in classifica** da scontarsi nel campionato 2018/2019, e **per ciascun inadempimento** di cui ai punti 5), 6), 7), con la **penalizzazione di due punti in classifica** da scontarsi nel campionato 2018/2019.

F) Le società devono, **entro il medesimo termine del 30 giugno 2018**, osservare i seguenti adempimenti: 1) depositare presso la Co.Vi.So.C., anche mediante fax o posta elettronica certificata, la dichiarazione sottoscritta dal legale rappresentante e dal presidente del collegio sindacale o del consiglio di sorveglianza o dal revisore unico, attestante **la vigenza della società e la composizione della compagine sociale alla data di presentazione della stessa**; 2) depositare presso la Co.Vi.So.C., anche mediante fax o posta elettronica certificata, la dichiarazione sottoscritta dal legale rappresentante e dal presidente del collegio sindacale o del consiglio di sorveglianza o dal revisore unico, attestante **le modifiche statutarie eventualmente intervenute a quella data.** L'inosservanza del suddetto termine, anche con riferimento ad uno soltanto degli adempimenti previsti dai precedenti punti 1) e 2), costituisce **illecito disciplinare** ed è sanzionata, su deferimento della Procura Federale, dagli organi della giustizia sportiva, per ciascun inadempimento, con **l'ammenda** non inferiore ad euro 20.000,00.

G) Le società devono, **entro il termine del 6 luglio 2018**, osservare i seguenti adempimenti: 1) depositare presso la Co.Vi.So.C., anche mediante fax o posta elettronica certificata, la documentazione attestante **l'avvenuto superamento della situazione prevista dall'art. 2447 c.c. o dall'art. 2482 ter c.c.** eventualmente risultante dal bilancio d'esercizio al 31 dicembre 2017, se l'esercizio sociale coincide con l'anno solare, ovvero dalla relazione semestrale al 31 di-

cembre 2017, se l'esercizio sociale coincide con la stagione sportiva;
2) depositare presso la Co.Vi.So.C., anche mediante fax o posta elettronica certificata, qualora **la relazione della società di revisione sul bilancio d'esercizio**, di cui alla precedente lett. E), punto 2), esprima un giudizio negativo (adverse opinion), o contenga l'impossibilità ad esprimere un giudizio (disclaimer of opinion), una successiva relazione della società di revisione, riferita al medesimo esercizio, attestante l'avvenuto superamento delle condizioni che avevano determinato le suddette situazioni;
3) depositare presso la Co.Vi.So.C., anche mediante fax o posta elettronica certificata, **qualora la relazione della società di revisione sul bilancio d'esercizio**, di cui alla precedente lett. E), punto 2), **contenga una eccezione relativamente alla continuità aziendale** (qualified except for opinion), **una successiva relazione della società di revisione, riferita al medesimo esercizio, che non contenga eccezioni relativamente alla continuità aziendale** ovvero documentare l'avvenuto superamento delle condizioni che avevano determinato l'eccezione relativamente alla continuità aziendale;
4) depositare presso la Co.Vi.So.C., anche mediante fax o posta elettronica certificata, **qualora la relazione della società di revisione sulla relazione semestrale**, di cui alla precedente lett. E), punto 3), **contenga l'impossibilità di giungere ad una conclusione (disclaimer of conclu-**

sion) o formuli una conclusione negativa (adverse conclusion), una successiva relazione della società di revisione, riferita al medesimo periodo amministrativo, attestante l'avvenuto superamento delle condizioni che avevano determinato le suddette situazioni;
5) depositare presso la Co.Vi.So.C., anche mediante fax o posta elettronica certificata, **qualora la relazione della società di revisione sulla relazione semestrale, di cui alla precedente lett. E), punto 3), contenga una eccezione relativamente alla continuità aziendale, una successiva relazione della società di revisione, riferita al medesimo periodo amministrativo, che non contenga eccezioni relativamente alla continuità aziendale** ovvero documentare l'avvenuto superamento delle condizioni che avevano determinato l'eccezione relativamente alla continuità aziendale;
6) depositare presso la Co.Vi.So.C., anche mediante fax o posta elettronica certificata, la documentazione relativa gli adempimenti previsti al presente paragrafo, lett. A), punto 1), sub a), sub b), sub c), ove richiesti;
7) depositare presso la Co.Vi.So.C., anche mediante fax o posta elettronica certificata, la documentazione relativa gli adempimenti previsti al presente paragrafo, lett. C), punto 1), sub a), sub b), sub c), ove richiesti.
L'inosservanza del suddetto termine, anche con riferimen-

to ad uno soltanto degli adempimenti previsti dai punti 1), 2), 3), 4), 5), 6) e 7) costituisce illecito disciplinare ed è sanzionata, su deferimento della Procura Federale, dagli organi della giustizia sportiva con la **penalizzazione di un punto in classifica, per ciascun inadempimento**, da scontarsi nel campionato 2018/2019.

II) CERTIFICAZIONE DELLA LEGA NAZIONALE PROFESSIONISTI SERIE A

A) La Lega Nazionale Professionisti Serie A deve **entro il termine del 30 giugno 2018**:
1) **certificare alla Co.Vi.So.C. l'assenza di debiti delle società**:
a) nei confronti della F.I.G.C., delle Leghe e di società affiliate alla F.I.G.C.; b) nei confronti del Fondo Fine Carriera per i contributi riguardanti gli emolumenti dovuti, fino al mese di maggio 2018 compreso, ai tesserati, con contratti ratificati dalla competente Lega. Al riguardo le società, devono aver pagato entro il termine del 26 giugno 2018 i debiti di cui al punto 1).

L'inosservanza del suddetto termine, da parte delle società, anche con riferimento ad uno soltanto degli adempimenti previsti dal precedente punto 1), lettere a) e b) costituisce **illecito disciplinare** ed è sanzionata, su deferi-

mento della Procura Federale, dagli organi della giustizia sportiva, per ciascun inadempimento di cui alla lettera a) con una **ammenda** proporzionata agli stessi inadempimenti e per l'inadempimento di cui alla lettera b) con la **penalizzazione di due punti in classifica** da scontarsi nel campionato 2018/2019.
La Lega Nazionale Professionisti Serie A deve certificare alla Co.Vi.So.C., **entro il termine del 16 ottobre 2018, l'assenza di debiti delle società nei confronti del Fondo Fine Carriera** per i contributi riguardanti gli emolumenti dovuti ai tesserati con contratti ratificati dalla competente Lega per la mensilità di giugno 2018.
Le società devono, **entro il termine dell'1 ottobre 2018**, depositare presso la Lega Nazionale Professionisti Serie A, secondo le modalità dalla stessa stabilite, la documentazione attestante **l'avvenuto pagamento dei contributi al Fondo Fine Carriera per la mensilità di giugno 2018**.
L'inosservanza del suddetto termine, da parte delle società, per documentare il pagamento dei contributi al Fondo Fine Carriera, per la suddetta mensilità costituisce **illecito disciplinare** ed è sanzionata, su deferimento della Procura Federale, dagli organi della giustizia sportiva con la **penalizzazione di due punti in classifica** da scontarsi nel campionato 2018/2019

Le società, inoltre, devono rispettare altri adempimenti **entro il 1 ottobre 2018** relativamente ad analoghi impegni di natura finanziaria sopra citati (pagamento di compensi, emolumenti, ecc, per le mensilità estive).

L'inosservanza del suddetto termine, da parte delle società, per documentare il pagamento dei contributi al Fondo Fine Carriera, per la suddetta mensilità costituisce **illecito disciplinare** ed è sanzionata, su deferimento della Procura Federale, dagli organi della giustizia sportiva con la **penalizzazione di due punti in classifica** da scontarsi nel campionato 2018/2019.

TITOLO II): CRITERI INFRASTRUTTURALI

In questa sezione la normativa esige numerosi adempimenti da parte delle società relativamente agli impianti scelti per disputare il campionato. Anche questa sezione contiene delle sanzioni collegate all'inadempimento di uno degli obblighi previsti.

TITOLO III): CRITERI SPORTIVI E ORGANIZZATIVI

In questa sezione, invece, le società che vogliono iscriversi al campionato devono attestare una serie di impegni a partecipare anche ai tornei giovanili e a tesserare i tecnici abilitati ad insegnare calcio ai ragazzi. Inoltre le società dovranno dichiarare **entro il 1 agosto 2018** la propria struttura tecnica relativa alla prima squadra, quindi allenatore, vice e tutto lo staff di supporto, ed **entro il 3 settembre 2018** tutto lo staff manageriale (DS, Responsabile Sett. Giovanile, ecc). Anche questa sezione contiene delle sanzioni collegate all'inadempimento di uno degli obblighi previsti.

TITOLO IV): RICORSI

La Co.Vi.So.C. e la Commissione Criteri Infrastrutturali e Sportivi-Organizzativi, entro il 12 luglio 2018, esaminata la documentazione prodotta dalle società e quanto trasmesso dalla Lega Nazionale Professionisti Serie A, verificato l'assolvimento dei pagamenti da parte delle società ed effettuati gli ulteriori accertamenti, **comunicano alle società l'esito della loro istruttoria**, inviando copia della comunicazione per conoscenza alla F.I.G.C. ed alla Lega Nazionale Professionisti Serie A.

A tal fine, le società hanno l'onere di comunicare alle suddette Commissioni, entro il 12 giugno 2018, il numero di fax e/o l'indirizzo di posta elettronica certificata. **In caso di esito positivo della istruttoria da parte di tutte e due le suddette Commissioni, la domanda di concessione della Licenza si intende accolta.** Le società che non sono risultate in possesso dei requisiti richiesti per l'ottenimento della Licenza Nazionale ai fini della partecipazione al Campionato di Serie A 2018/2019 possono presentare ricorso avverso la decisione negativa della relativa Commissione.

Il ricorso deve essere depositato presso la Commissione competente, entro il termine perentorio del 16 luglio 2018, ore 19:00.
Il ricorso o i ricorsi devono essere corredati, a pena di inammissibilità, da una tassa unica di euro 30.000,00. Detto importo sarà restituito solo in caso di accoglimento dei ricorsi.
Ferma l'applicazione delle sanzioni previste ai precedenti Titoli I), II) e III) potranno essere integrati, entro il termine perentorio del 16 luglio 2018, ore 19:00, tutti gli adempimenti indicati nei medesimi Titoli, fatta eccezione per il deposito della domanda di ammissione al campionato di Serie A 2018/2019. La documentazione depositata successivamente al termine perentorio del 16 luglio 2018, ore 19:00, fatta eccezione per la certificazione ed il parere di cui al successivo capoverso, non potrà essere presa in considerazione né dalle suddette Commissioni né dal Commissario Straordinario della F.I.G.C. nell'esame dei ricorsi.

La certificazione e il parere della Lega Nazionale Professionisti Serie A di cui al Titolo II) (Criteri Infrastrutturali) dovranno essere depositati presso la Commissione Criteri Infrastrutturali e Sportivi Organizzativi entro il termine del 18 luglio 2018, ore 19:00. **Le Commissioni adite esprimono, entro il 19 luglio 2018, parere motivato al Commissario Straordinario della F.I.G.C. sui ricorsi proposti. La decisione sulla concessione delle Licenze Nazionali verrà assunta dal Commissario Straordinario della F.I.G.C. in data 20 luglio 2018.**

Avverso la decisione del Commissario Straordinario della F.I.G.C., che neghi la Licenza Nazionale per la stagione sportiva 2018/2019, è consentito ricorso al Collegio di Garanzia dello Sport presso il CONI, da proporsi nei termini e con le modalità previsti dall'apposito Regolamento, emanato ai sensi dell'art. 54 del Codice di Giustizia Sportiva del CONI.

23) Fair Play Finanziario, analisi e conseguenze di una diavoleria contabile che annulla la competitività.

Articolo pubblicato sul blog il 6.01.2019

Il "fair play", in italiano gioco leale, è una regola comportamentale improntata al rispetto delle regole e, più in generale, al rispetto dell'avversario. Conosciuta anche come sportività, rappresenta uno dei principi cardine con cui dovrebbe essere disputata ogni competizione sportiva. Tenete a mente questa introduzione perché sono certo che quando la rileggerete al termine dell'analisi resterete interdetti.

Dal Fair Play "vero" al Fair Play "contabile".

Il mondo del calcio è un settore privato che muove una montagna di soldi. Fin dagli albori le pagine più belle di questo sport sono state scritte dai campioni in campo e, ovviamente, dalle proprietà in grado di pagarli. Fino al 2011 chiunque poteva sognare di raggiungere le vette più alte di questo sport, bastava avere una grande disponibilità economica ed una comprovata competenza: grazie a questi fattori il Milan di Berlusconi ci ha regalato vent'anni indimenticabili (tralasciamo gli ultimi dieci).

Appena insediatosi, Berlusconi comprò grandi giocatori (Donadoni, Van Basten, Gullit, Rijkaard) e in breve tempo riportò il club nell'empireo del calcio mondiale. Quel Milan passò alla storia non solo perché vinceva ma perché giocava bene rispettando l'avversario attraverso il "fair play".

Dal dieci anni tutto ciò non è più possibile in quanto l'ente che organizza e gestisce le principali competizioni europee, la UEFA, ha introdotto un nuovo concetto di "fair play": quello finanziario. Ecco le parole di Platini poco prima dell'introduzione di questa diavoleria contabile di cui parleremo a breve: *"Passione può far rima con ragione? Nel calcio non è facile, dato che alcuni club sostengono perdite considerevoli per la cattiva abitudine di accumularle stagione dopo stagione. Abbiamo spesso ripetuto che il calcio, lontano dall'essere una mera attività economica, è soprattutto uno sport e un gioco, e che è popolare perché suscita passione.*

Tuttavia, questa innegabile verità non deve ostacolare la ragione e mascherare una dura realtà: se continua su questa strada, il calcio professionistico può andare in bancarotta; un suo eventuale collasso non può che avere ripercussioni a livello di base e di immagine.

Questo messaggio non vuole essere un invito all'austerità e a un ritorno ai budget del passato. Il calcio muove grosse somme di denaro, ed è un bene. E non si tratta neanche di pretendere una distribuzione utopica della ricchezza. Ci sono sempre state società più ricche

di altre e indubbiamente ce ne saranno sempre. Tutto quello che vogliamo è che i club, più o meno ricchi, non spendano più di quanto guadagnano e che raggiungano la parità di bilancio, unico metodo certo affinché sopravvivano."

Già dalla lettura di questo messaggio appare chiaro il controsenso: non si invoca l'austerità, ma bisogna spendere quanto si guadagna. La risposta immediata è: perché? Negli ultimi 15 anni il mondo del calcio ha visto crescere il giro d'affari in modo vertiginoso, dunque per quale motivo limitare improvvisamente la libertà d'impresa? Per quale ragione punire chi adempie alle proprie obbligazioni sociali, ricapitalizzando le perdite? Perché non concentrare gli sforzi unicamente contro le società che non saldano i debiti scaduti?

Introdurre l'obbligo di pareggio in un settore come quello dello sport, infatti, vuol dire arrogarsi diritti che spettano agli Stati o ad enti sovranazionali. Applicare un "fiscal compact" in un settore privato quale il mondo del calcio, vuol dire pretendere che imprese private seguano le medesime logiche che muovono gli Stati. Quest'ultimi, lo ricordo a tutti, siamo noi. Parliamo, quindi, di una comunità politica sovrana stanziata in un territorio e formata da una popolazione che la occupa all'interno di un ordinamento giuridico (c.d. stato di diritto).

Dunque appare del tutto logico e giustificabile imporre l'obbligo del pareggio di bilancio ad uno Stato, dato che ne va della vita di tutti noi. Infatti se lo Stato dovesse andare in default, le conseguenze sarebbero catastrofiche per tutta la popolazione. Al contrario, se un'impresa privata dovesse andare in default le uniche conseguenze catastrofiche graverebbero sulle spalle del proprietario e dei suoi creditori. **Ergo, interessi meramente privati che non hanno nulla a che vedere con quelli di carattere generale e sociale.**

Malgrado ciò, il Fair Play Finanziario della UEFA adotta principi del tutto simili a quelli che l'Italia, e con essa tutti i membri dell'UE, devono sopportare in ambito politico e statale. Gianni Infantino, oggi capo della FIFA ma all'epoca segretario generale della UEFA, giustificava l'introduzione di questo meccanismo con la crescita dei costi. Sul sito della UEFA si scriveva questo: *"negli ultimi tempi, molti club hanno attraversato difficoltà finanziarie, soprattutto a causa dell'instabilità economica in Europa. Nel terzo rapporto comparativo sulle licenze europee per club in Europa, pubblicato qualche mese fa dalla UEFA, si analizzano i risultati finanziari di quasi 650 club delle 53 federazioni affiliate alla UEFA e si osserva che oltre la metà dei club più importanti d'Europa ha registrato perdite. Non meno del 28% di essi hanno indicato perdite si-*

gnificative, equivalenti a una spesa di 12 euro ogni 10 euro di ricavi.

Gianni Infantino ha spiegato che i club sono incoraggiati a spendere meno di quanto guadagnino e a evidenziare una maggiore pragmaticità finanziaria: "Se guardiamo bene, negli ultimi anni i ricavi sono cresciuti costantemente, anche a dispetto del panorama economico mondiale o europeo. Da qualche anno passiamo da una crisi economica all'altra, ma nel calcio gli incassi aumentano sempre".

"Il problema non è l'aumento degli incassi, ma quello dei costi, che finiscono per superare i primi – aggiunge -. Per questo abbiamo sviluppato le regole di fair play finanziario, che premiano le società gestite in modo corretto. Sostanzialmente, tali regole dicono: 'Non puoi spendere più di quanto guadagni'. Ridaranno una maggiore razionalità al calcio e premieranno coloro che rispettano le regole e adottano un modello di impresa sostenibile".

Evidentemente il lavoro svolto dev'essere stato apprezzato da molti, visto che oggi Infantino è a capo della FIFA. Ma quali sono state le conseguenze successive all'applicazione del Fair Play Finanziario?

Analisi dei fatturati pre e post 2011.

Il "fiscal soccer compact" è stato approvato all'unanimità dal comitato esecutivo della UEFA nel settembre del 2009 ed il monitoraggio dei bilanci delle società è iniziato a partire dall'estate del 2011: si, avete capito bene. **Nessun periodo transitorio che potesse consentire di rimettere in carreggiata quei club che erano lontani dal raggiungere i nuovi requisiti deliberati dall'UEFA.**

CLASSIFICA DELOITTE FOOTBALL MONEY LEAGUE RELATIVA ALLE PRIME 20 SQUADRE DEL MONDO PER FATTURATO (DATI IN MILIONI DI EURO)

Stagione calcistica	AC Milan	Juventus	Inter	Real Madrid	Barcellona	Bayern Monaco	Paris Saint Germain	Manchester UTD	Manchester City	Chelsea	Liverpool	Arsenal
2004/2005	234,00 €	229,40 €	177,20 €	275,70 €	207,90 €	189,50 €	72,00 €	246,40 €	90,10 €	220,80 €	181,20 €	171,30 €
2005/2006	238,70 €	251,20 €	206,60 €	292,20 €	259,10 €	204,70 €	80,00 €	242,00 €	89,40 €	221,00 €	176,00 €	177,40 €
2006/2007	227,20 €	145,20 €	195,00 €	351,00 €	290,10 €	223,30 €	77,00 €	315,20 €	122,30 €	283,00 €	198,90 €	263,90 €
2007/2008	209,50 €	167,50 €	172,90 €	365,80 €	308,80 €	295,30 €	77,00 €	324,80 €	104,00 €	268,90 €	210,00 €	264,00 €
2008/2009	196,50 €	203,20 €	196,50 €	401,40 €	365,90 €	289,50 €	101,00 €	327,00 €	101,20 €	242,30 €	237,00 €	263,00 €
2009/2010	235,80 €	205,50 €	224,40 €	438,60 €	398,10 €	323,00 €	82,70 €	349,80 €	152,80 €	255,90 €	225,30 €	274,10 €
2010/2011	235,10 €	153,90 €	211,40 €	479,50 €	450,70 €	321,40 €	100,90 €	367,00 €	169,60 €	249,80 €	203,30 €	251,10 €
2011/2012	256,90 €	195,40 €	185,90 €	512,60 €	483,00 €	368,40 €	222,40 €	395,90 €	285,60 €	322,60 €	233,20 €	290,30 €
2012/2013	263,50 €	272,40 €	168,80 €	518,90 €	482,60 €	431,20 €	398,80 €	423,80 €	316,20 €	303,40 €	240,60 €	284,30 €
2013/2014	249,70 €	279,40 €	164,00 €	549,50 €	484,60 €	487,50 €	474,20 €	518,00 €	414,40 €	387,90 €	305,90 €	359,30 €
2014/2015	199,10 €	323,90 €	164,80 €	577,00 €	560,80 €	474,00 €	480,80 €	519,50 €	463,50 €	420,00 €	391,80 €	435,50 €
2015/2016	214,70 €	341,10 €	179,20 €	620,10 €	620,20 €	592,00 €	520,90 €	689,00 €	524,90 €	447,40 €	403,80 €	468,50 €
2016/2017	191,70 €	405,70 €	262,10 €	674,60 €	648,30 €	587,80 €	486,20 €	676,30 €	527,70 €	428,00 €	424,20 €	487,60 €

(Elaborazione dati avv. Felice Raimondo – clicca per aprire in una nuova scheda)

La principale conseguenza di ciò è che quei club che al 30 giugno 2011 si trovavano in regola, grazie a fatturati molto alti e costi sostenibili, non sono stati penalizzati dal Fair Play Finanziario. Dunque Real Madrid, Barcellona, Bayern Monaco, Manchester UTD, Chelsea. Volete sapere da chi è stata vinta la Champion's League dal 2011 in poi? Semplice: Barcellona, Chelsea, Bayern Monaco e Real Madrid (4 volte). Un'oligarchia che prima del 2011 non era così accentuata in termini di palmares e nemmeno in termini finanziari ma che, invece, dopo il 2011 si è cristallizzata.

Com'è possibile desumere da questi dati, a partire dal 2011 le squadre che erano già ricche sono diventate ancora più ricche, con l'unica eccezione di due realtà: PSG e Manchester City. Quest'ultime, infatti, grazie all'iniezione di ricchissimi contratti commerciali e sponsorizzazioni a tre cifre, sono entrate *di forza* in quella oligarchia che si è formata a partire dal 2011. **Non solo: fino ad oggi sia il PSG che il Manchester City hanno sempre giocato la Champion's League, non subendo particolari sanzioni diverse dal Settlement Agreement.**

Possiamo dunque affermare che queste due particolari realtà, possedute da potenti sceicchi, malgrado qualche trucchetto contabile (sponsorizzazioni) fino ad oggi sono state ben accolte dalla UEFA. Purtroppo non possiamo dire lo stesso del Milan. Il club rossonero, infatti, a partire dal 2011 ha dovuto fare i conti con la dismissione attuata da Berlusconi che soltanto nel 2017 si è liberato del club rossonero. Sul punto bisogna specificare che il primo monitoraggio della UEFA si è concluso nel 2014 e che le sanzioni sono scattate nel momento in cui la società si è qualificata ad una competizione UEFA (2017/2018). **Già, perché il "Fiscal Soccer Compact" non ti obbliga al pareggio di bilancio. Primo perché la UEFA non ne avrebbe l'autorità e secondo perché sarebbe violato il principio europeo della libera circolazione di merci, servizi e capitali.** Il Fair Play Finanziario, in modo senz'altro molto più scaltro, dice questo: *"nelle mie competizioni decido io chi può giocare e quindi stabilisco le regole. Ergo se vuoi partecipare (e indirettamente ricevere i miei ricchi premi) devi rispettare il Fair Play Finanziario. Pena: sanzioni e/o l'esclusione dalla competizione."* Chiaro il concetto?

I burocrati di Nyon hanno inventato un meccanismo diabolico che, arrogandosi diritti e giudizi che spettano ad autorità statali o sovranazionali, di fatto limita l'accesso alle competizioni che organizza. La motivazione apparente può apparire quasi compassionevole: *"vogliamo il bene del calcio attraverso un'impresa sostenibile"*. Ebbene, ecco le conseguenze che questo "nobile concetto" ha avuto sul Milan, ad oggi "nobile decaduta":

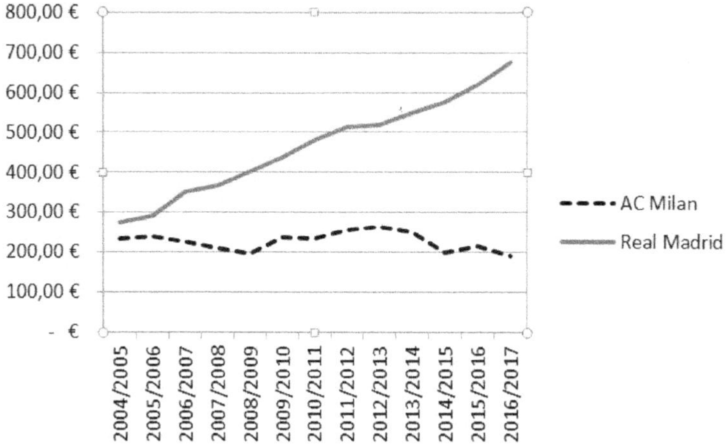
800,00 €
700,00 €
600,00 €
500,00 €
400,00 €
300,00 €
200,00 €
100,00 €
- €
2004/2005
2005/2006
2006/2007
2007/2008
2008/2009
2009/2010
2010/2011
2011/2012
2012/2013
2013/2014
2014/2015
2015/2016
2016/2017
AC Milan
Real Madrid

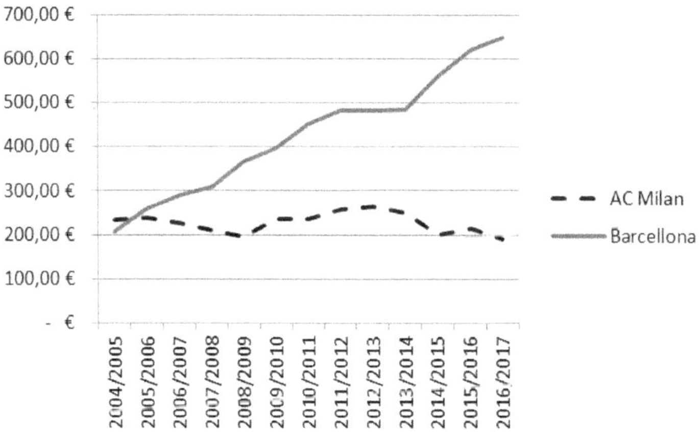
700,00 €
600,00 €
500,00 €
400,00 €
300,00 €
200,00 €
100,00 €
- €
2004/2005
2005/2006
2006/2007
2007/2008
2008/2009
2009/2010
2010/2011
2011/2012
2012/2013
2013/2014
2014/2015
2015/2016
2016/2017
AC Milan
Barcellona

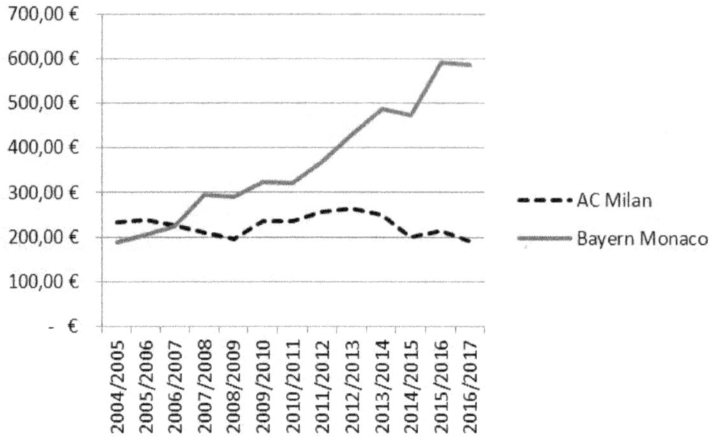

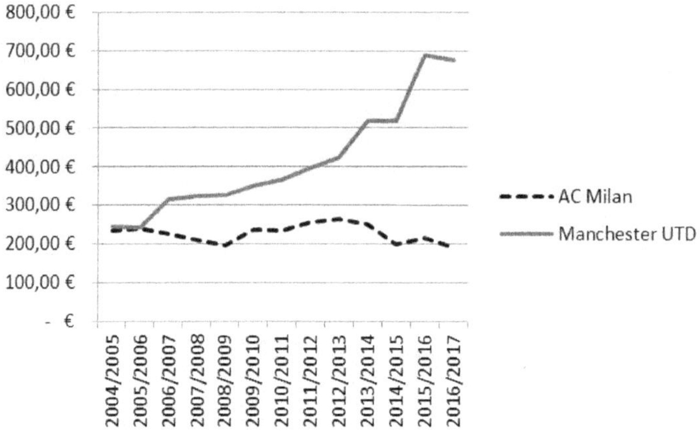

Il primo dato che balza all'occhio è che a partire dal 2011, anno di partenza del monitoraggio del Fair Play Finanziario, la forbice tra il nostro fatturato e quello delle principali big europee è aumentato a dismisura. In quegli anni, peraltro, Berlusconi iniziava la dismissione definitiva del club con la cessione di Ibrahimovic e Thiago Silva, affidando il mandato di vendere il club ad importanti banche internazionali, cosa poi accaduta solo dopo un lustro.

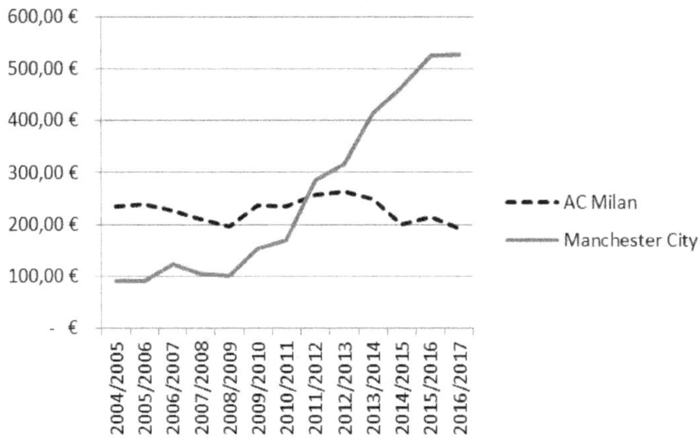

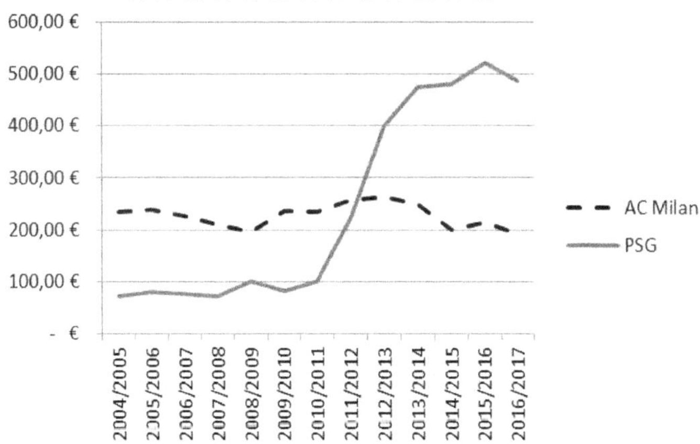

Invece per quanto riguarda le due nuove potenze di proprietà araba, si può notare che il sorpasso è avvenuto proprio in concomitanza dell'avvento del Fair Play Finanziario, quindi sempre dal 2011 in poi.

Ma in termini economici di quanto stiamo parlando? Beh, i numeri non lasciano adito ad interpretazioni diverse da quella che leggerete. Se infatti analizziamo le differenze in termini di fatturato ante e post 2011 tra la nostra società ed i succitati top club, ne viene fuori un risultato clamoroso:

Differenza Milan vs Real Madrid	Ante 2011	783,00 €	196%	1.538,50 €
	Post 2011	2.321,50 €		
Differenza Milan vs Barcellona	Ante 2011	488,20 €	334%	1.631,30 €
	Post 2011	2.119,50 €		
Differenza Milan vs Bayern Monaco	Ante 2011	183,60 €	800%	1.468,00 €
	Post 2011	1.651,60 €		
Differenza Milan vs Manches. UTD	Ante 2011	464,10 €	326%	1.514,70 €
	Post 2011	1.978,80 €		
Differenza Milan vs PSG	Ante 2011	- 856,00 €	220%	1.885,40 €
	Post 2011	1.029,40 €		
Differenza Milan vs Manchester City	Ante 2011	- 681,90 €	260%	1.773,10 €
	Post 2011	1.091,20 €		

Fino al 2011 il Milan riusciva a limitare i danni. Subito dopo l'introduzione del "Fiscal Soccer Compact", invece, il divario già presente con i principali top club si è terribilmente acuito ma non solo: il posto del club rossonero – tra gli altri – è stato preso dalle due nuove realtà arabe che, grazie all'utilizzo di ingenti sponso-

rizzazioni e alla compiacenza della UEFA, in poco più di un lustro sono riuscite prima a colmare e poi a doppiare la distanza che avevano con il nostro club. Negli ultimi anni tutte queste società hanno staccato il Milan con una media di circa 1 miliardo e mezzo di euro cadauna.

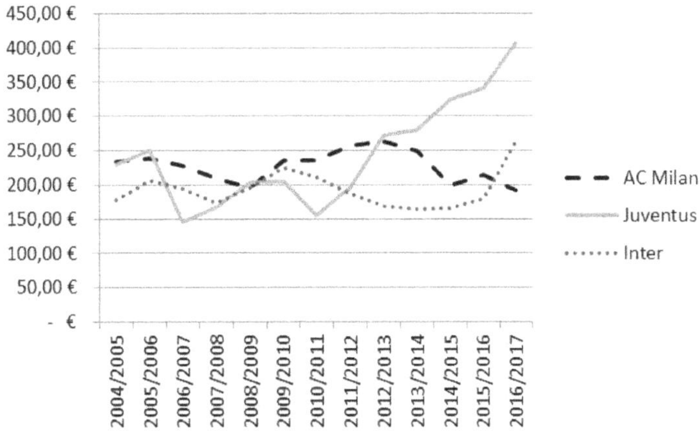

Questo comportamento, peraltro, ha danneggiato anche l'altra nobile decaduta che oggi sta cercando di rialzarsi: l'Inter. Quest'ultima, tuttavia, grazie alla concessione del Settlement Agreement (ottenuto al primo tentativo) e al subentro di Suning che sta lavorando benissimo a livello commerciale, negli ultimi 2/3 anni sembra aver recuperato terreno.

L'unico club italiano che sembra essere uscito indenne da una simile rivoluzione, quindi senza averci rimesso in termini di competitività, è la Juventus che negli ultimi anni ha assunto un peso politico sempre maggiore a livello europeo e che ha saputo sfruttare una serie di congiunture non indifferenti: stadio e rivali che in Italia han tirato i remi in barca. Se poi a questo aggiungiamo l'innegabile abilità con cui i dirigenti juventini han saputo svolgere gli ultimi mercati, ecco spiegato il "miracolo juve". Che poi non è nemmeno tanto clamoroso perchè la Juventus, ad oggi, può vantare di aver avvicinato a livello economico club quali Chelsea, Liverpool e Arsenal. Ma le "fab 5" sono ancora lontane.

A questo punto la domanda che tutti si pongono è: come ne usciamo fuori?

A parere dello scrivente la situazione è ormai irrimediabilmente compromessa, almeno attraverso le "regole" create dai burocrati di Nyon. L'unico modo per tornare dove ci compete è comportarsi analogamente a quanto fatto da PSG e City: dunque ingraziarsi a livello politico l'UEFA e spingere al massimo con i ricavi commerciali. Nel frattempo farsi rispettare nelle opportune sedi perché, in ogni caso, la vetrina della Champions' League è importante per attrarre determinati giocatori. Il club quindi deve garantirsi l'accesso a questa competizione, a prescindere dai deficit. Poi però dovremo iniziare a rimboccarci le maniche perché, risolto quel problema, dipenderà soltanto da noi.

24) Ecco in quali termini il Fair Play Finanziario contrasta con il diritto dell'Unione Europea.

Articolo pubblicato sul blog il 15.01.2019

Il fair play finanziario è un *corpus* di regole varato dalla UEFA nel 2009 che, da lì in poi, ha letteralmente stravolto il sistema calcistico europeo.

Nel corso degli ultimi anni il sottoscritto ha analizzato una pluralità di aspetti riguardanti il FFP, con lo scopo di comprenderne i meccanismi e le logiche sottese. L'approfondimento odierno, tuttavia, non si fermerà al regolamento *sic et simpliciter,* bensì per la prima volta rapporterà il FFP ai principi di diritto presenti nell'Unione Europea per valutare in che modo le regole introdotte da Nyon possano contrastare con il diritto sovranazionale.

Gli articoli 16, 17 e 21 della carta di Nizza.

L'art. 16 della carta dei diritti fondamentali dell'Unione Europea riconosce la **libertà d'impresa**, conformemente al diritto comunitario e alle legislazioni e prassi nazionali. Il successivo art. 17, quindi, disciplina il **diritto di proprietà** e stabilisce quanto segue:

"Ogni individuo ha il diritto di godere della proprietà dei beni che ha acquistato legalmente, di usarli, di disporne e di lasciarli in eredità. Nessuno può essere priva-

to della proprietà se non per causa di pubblico interesse, nei casi e nei modi previsti dalla legge e contro il pagamento in tempo utile di una giusta indennità per la perdita della stessa. L'uso dei beni può essere regolato dalla legge nei limiti imposti dall'interesse generale.

La proprietà intellettuale è protetta."

Una prima incompatibilità del FFP emerge in relazione a questi due fondamentali diritti garantiti dall'UE: **la proprietà privata può essere regolata soltanto dalla legge**. La UEFA, quindi, non ha alcuna autorità per limitare il diritto di proprietà nella misura in cui stabilisce in maniera del tutto autonoma i concetti di entrate e spese rilevanti, la cui somma fornirà il risultato del pareggio di bilancio (c.d. break-even result), fissando peraltro la deviazione a 5M con una tollerabilità massima che, attualmente, è pari a 30M. Una simile limitazione alla libertà d'impresa non è di competenza di una organizzazione internazionale che, fino a prova contraria, è di carattere sportivo e vede affiliate le federazioni e non le singole società e men che meno i singoli proprietari. Quest'ultimi, infatti, subiscono indirettamente e unilateralmente le condizioni dettate dalla UEFA, trovandosi nella impossibilità di poter pienamente godere della proprietà privata. Basti pensare all'attuale volontà di Elliott, che si vede costretto a trattare con i burocrati di Nyon per poter liberamente investire nel club, ossia in qualcosa che è di sua proprietà. Ma l'esempio vale anche per le altre società che in passato sono dovute scendere a patti per poter pienamente godere della loro legittima proprietà privata.

L'art. 21 della carta dei diritti fondamentali dell'Unione Europea disciplina il **principio di non discriminazione** e stabilisce quanto segue:

"E' vietata qualsiasi forma di discriminazione fondata, in particolare, sul sesso, la razza, il colore della pelle o l'origine etnica o sociale, le caratteristiche genetiche, la lingua, la religione o le convinzioni personali, le opinioni politiche o di qualsiasi altra natura, l'appartenenza ad una minoranza nazionale, il patrimonio, la nascita, gli handicap, l'età o le tendenze sessuali.

Nell'ambito d'applicazione del trattato che istituisce la Comunità europea e del trattato sull'Unione europea è vietata qualsiasi discriminazione fondata sulla cittadinanza, fatte salve le disposizioni particolari contenute nei trattati stessi."

Sebbene le regole del FFP vengano applicate indistintamente a tutti i clubs che partecipano alle competizioni UEFA, è indubbio che un simile *corpus* di regole non incida in modo eguale in ogni Stato membro dell'Unione Europea. Infatti ciascuna nazione possiede delle proprie legislazioni del tutto autonome che, seppur coerenti con i principi sovranazionali, producono disparità concrete. Pensiamo ai **differenti regimi fiscali, o al vantaggio di quelle squadre che tramite il c.d. azionariato popolare** possiedono dei ricavi rilevanti aggiuntivi (i versamenti effettuati dai soci, autentici ricavi sociali che in Italia non sono attuabili in quanto nella nostra nazione le società sportive – ai sensi della L. 91/81 e sotto l'egida della F.I.G.C. – possono avere la forma giuridica delle s.p.a. o delle s.r.l., i cui versamenti dei soci incidono sul capitale e non sui ricavi sociali, non rientrando quindi nel concetto di entrate rilevanti della UEFA).

Nel medesimo solco, inoltre, vanno **le legislazioni riguardanti le edificazioni degli impianti di proprietà**, una delle principali voci attraverso cui, secondo la UEFA, bisognerebbe aumentare le entrate rilevanti. Peccato che nel momento in cui è stato introdotto il FFP, soltanto poche squadre possedevano già un impianto di proprietà. Guarda caso la maggior parte di quelle che oggi arrivano sempre in fondo alla Champion's League.

Gli articoli 45, 63 e 101 del TFUE.

Un altro serio profilo di incompatibilità con il diritto dell'UE si ravvisa leggendo l'**art. 45** del Trattato sul funzionamento dell'Unione europea che disciplina la **libera circolazione dei lavoratori**. Questo principio fu alla base della sentenza Bosman, con cui il collega Dupont eliminò l'indennità di trasferimento dovuta per i trasferimenti da una società all'altra, rendendo gli atleti, di fatto, proprietari dei loro cartellini quando sono ormai prossimi alla scadenza contrattuale.

Ebbene, sulla base del medesimo principio anche oggi la UEFA potrebbe soccombere dinanzi ai giudici europei. **Un primo accenno, peraltro, si trova incredibilmente proprio nelle conclusioni dell'avvocato generale nel procedimento C415/93 (sentenza Bosman)**. Infatti è bene precisare ai lettori che dinanzi alla Corte di giustizia ogni causa viene assegnata a un giudice (il "giudice relatore") e a un avvocato generale che – in misura indipendente e imparziale – fornisce una sua opinione all'autorità giudiziaria che poi si dovrà esprimere. Ecco dunque cosa affermava l'avvocato generale dell'epoca, Lenz:

*"**Se ciascun club dipendesse, nel finanziamento della sua attività sportiva, esclusivamente dalle entrate provenienti dalla vendita di biglietti, dalla cessione di diritti radiotelevisivi e da altre fonti (come ad esempio la pubblicità, i contributi dei soci o le sovvenzioni di sponsor privati), l'equilibrio tra le società verrebbe presto ad essere minacciato**. Le grandi società calcistiche come il FC Bayern di Monaco o il FC Barcellona sprigionano una particolare forza di attrazione, alla quale corrisponde un elevato numero di spettatori. In tal modo, queste società divengono interessanti anche per le emittenti televisive e*

per gli operatori pubblicitari. Gli elevati introiti che ne risultano consentono a queste società di ingaggiare i migliori calciatori e di conseguire quindi maggiori successi sia sul piano sportivo sia su quello economico. Per le società minori, invece, il processo è diametralmente opposto. La carente forza di attrazione di una squadra porta con sé minori entrate, con conseguenti minori possibilità di rafforzare il suo organico"

La conseguenza di ciò è che, in via indiretta ma assolutamente efficace, nella misura in cui – attraverso il FFP – limiti la capacità di spesa di un club (così come ho spiegato in precedenza) conseguentemente ostacoli la libera circolazione degli atleti perché per ogni trasferimento non sarebbe più sufficiente la triplice volontà delle parti in gioco (compratore, venditore, giocatore) ma subentrerebbe un fattore esterno, ossia l'obbligo del Break-even result che inevitabilmente condizionerebbe l'acquisto facendolo saltare, ed impedendo quindi al giocatore di trasferirsi all'interno del libero mercato europeo.

Sempre in riferimento al calciomercato, inoltre, l'ultima novità introdotta con le recenti modifiche al FFP, che limita in maniera diretta la capacità di spesa dei club, introducendo il tetto massimo di 100M nel saldo tra acquisti e cessioni, amplifica in maniera ormai netta la violazione inerente l'**art. 63 TFUE** che **vieta tutte le restrizioni ai movimenti di capitali** tra Stati membri, nonché tra Stati membri e paesi terzi. Se infatti fino ad oggi tali restrizioni potevano essere considerate indirette o conseguenti ad accordi con la UEFA (vedi Settlement Agreement), con l'inserimento del saldo da calciomercato pari a 100M all'interno del regolamento del FFP, la limitazione ai movimenti di capitale appare palese.

Infine l'altro importante principio che, a parere dello scrivente, risulterebbe violato è quello sancito all'interno dell'art. **101 TFUE** che disciplina le **intese restrittive della concorrenza**. E' abbastanza chiaro, infatti, che nel momento in cui affermi il concetto in base al quale *"puoi spendere solo quanto guadagni"* (e non più quanto vuoi), limiti la capacità concorrenziale delle squadre giacché condizioni in modo restrittivo la capacità di ciascun club di operare sul mercato. La conseguenza di ciò è che se prima ciascun club poteva operare all'interno del calciomercato in modo paritario – senza nessun limite che non fosse la disponibilità economica e la capacità di assolvere alle proprie obbligazioni – oggi il mercato dei giocatori viene limitato dall'applicazione del FFP che priva molte società dell'opportunità di acquistare quegli atleti che invece, precedentemente, in condizioni di normale concorrenza, avrebbero potuto trattare.

<u>*"Coppe mie, regole mie": vero ma non in assoluto.*</u>

La contestazione frequente secondo la quale **le regole del FFP vengono applicate solo all'interno "dell'ecosistema" UEFA, e quindi per tale motivo sarebbero legittime a prescindere, non appare decisiva**.

Infatti la Commissione Europea nel Libro Bianco sullo Sport – il più importante documento politico che detta le linee guida e gli orientamenti strategici dello sport nell'UE – afferma quanto segue:

*"**La Commissione riconosce l'autonomia delle organizzazioni sportive e delle loro strutture rappresentative** (come le leghe), e riconosce anche che la gestione dello sport è soprattutto di competenza degli enti sportivi preposti e, in una certa misura, degli Stati membri e delle parti sociali ma sottolinea che il dialogo con le organizzazioni sportive ha sottoposto alla sua attenzione una serie di questioni, di cui l'istituzione si occupa nel presente documento. La Commissione ritiene che la maggior parte delle sfide possa essere affrontata attraverso un'autoregolamentazione rispettosa dei principi di buona gestione, **purché il diritto dell'UE sia rispettato**, ed è pronta a dare il suo appoggio o, se necessario, a prendere gli opportuni provvedimenti."*

Ciò posto, bisogna considerare innanzitutto che i vantaggi economici prodotti dalla partecipazione alle competizioni UEFA, nonché la visibilità dei tornei, sono una potentissima leva che pone le squadre in una posizione di debolezza rispetto all'intero sistema.

Peraltro, **se anche una squadra volesse infischiarsene delle regole del FFP,** dunque spendesse liberamente accettando il rischio di non partecipare alle competizioni UEFA, o di parteciparvi con forti limitazioni economiche e di rosa, **falserebbe le competizioni in cui partecipa perché genererebbe una situazione paradossale**: una squadra per il campionato (es. italiano) fortissima in quanto libera da vincoli finanziari, ed un'altra (es. CL/EL) ridotta all'osso in quanto sottoposta ai paletti del FFP (ben più rigidi dell'analogo sistema introdotto dalla FIGC con il comunicato 263/A il cui approfondimento è inserito in questo libro).

Così facendo, **entrambe le competizioni (campionato e coppa europea) sarebbero falsate** in quanto la medesima squadra – per motivazioni esterne ai regolamenti tecnici o alla salute fisica degli atleti – non potrebbe usufruire degli stessi giocatori in tutti i tornei a cui partecipa.

Rebus sic stantibus, per quanto fin qui esposto **le regole del Fair Play Finanziario** – che obbligano le società al pareggio di bilancio, sanzionando anche con l'esclusione chi non rispetta tali requisiti – **appaiono lesive di molteplici principi dell'UE**: libertà d'impresa, diritto di proprietà, principio di non discriminazione, concorrenza restrittiva, libera circolazione di lavoratori, merci, servizi e capitali.

Il punto di vista dell'Unione Europea e dell'Antitrust.

Le istituzioni europee in passato hanno considerato lo sport come un settore dotato di una sua specificità. Ciò vuol dire che il diritto comunitario, non considerandosi competente, ha ritenuto di non interferire con l'organizzazione, la regolazione e la gestione dello sport, affidando quest'ultime alle federazioni private che da sempre hanno avuto completa autonomia in tal senso. La specificità dello sport, tuttavia, incontra un limite insormontabile in tutti quegli aspetti di carattere economico dove, invece, l'UE ha sempre ritenuto di potere e dovere intervenire. Questa duplice dimensione con cui le istituzioni comunitarie si sono rapportate con lo sport è durata fino alla sentenza Meca-Medina del 2006. Con questa pronuncia, infatti, la Corte di Giustizia europea ha ritenuto che la competenza dell'UE potesse travalicare gli aspetti economici e, quindi, sindacare anche quelli sportivi.

Ciò detto, il 18.01.2011 la Commissione Europea si esprimeva in questi termini all'interno della comunicazione al Parlamento Europeo, al Consiglio, al Comitato economico e sociale europeo e al comitato delle regioni. Ecco uno stralcio del documento intitolato "Sviluppare la dimensione europea dello sport":

"4.5. Integrità nelle competizioni sportive
Negli sport di squadra, i sistemi per la concessione delle licenze alle società sportive costituiscono uno strumento prezioso per garantire l'integrità nelle competizioni e sono anche efficaci per promuovere la buona governance e la stabilità finanziaria. ***La Commissione plaude all'adozione di misure atte ad aumentare il fair play finanziario nel calcio europeo e ricorda che esse devono rispettare le regole del mercato interno e le norme in materia di concorrenza.****"*

Per l'Unione Europea, dunque, il Fair Play Finanziario – almeno concettualmente – non è un mostro da bandire. Tuttavia queste regole devono muoversi entro i confini dettati dai principi del diritto comunitario (libera circolazione di capitali, servizi, lavoratori e rispetto della concorrenza). Peraltro, com'è desumibile leggere dal parere dell'avvocato generale nella causa C-325/08 (Olympique Lyonnais contro Olivier Bernard e Newcastle United), punto 44:

"Le misure nazionali che possono ostacolare o rendere meno attraente l'esercizio di libertà fondamentali garantite dal Trattato, possono nondimeno sfuggire al divieto se perseguono uno scopo legittimo compatibile con il Trattato. Perché sia così, tuttavia, esse devono soddisfare quattro ulteriori condizioni:

- *devono essere applicate in modo non discriminatorio;*
- *devono essere giustificate da primarie ragioni di pubblico interesse;*
- *devono essere idonee ad assicurare il raggiungimento dell'obiettivo che perseguono;*
- *non devono andare oltre ciò che è necessario per il raggiungimento di tale obiettivo;"*

(il succitato è anche conosciuto come **"Gebhard Test"**, Caso C-55/94)

Ebbene, a parere dello scrivente appare dubbio (per usare un eufemismo) che il *corpus* normativo del FFP possa considerarsi idoneo allo scopo perseguito e sia, peraltro, non discriminatorio, evitando di andare oltre il raggiungimento dell'obiettivo. Il fine ultimo, infatti, a detta della UEFA rappresenta la capacità di ogni club di spendere quanto fattura, evitando deficit di bilancio. **Tuttavia al momento dell'introduzione del FFP, la situazione in Europa era tutt'altro che drammatica**.

Innanzitutto, sulla base dei dati finanziari degli anni 2008/2009/2010, soltanto 13 squadre (il 2%) presentava deficit importanti (superiori a 45M), mentre 54 di esse (8%) presentava deficit rilevanti ma inferiori (da 5M a 45M). I numeri si abbassano ulteriormente se consideramo solo le squadre che si qualificano alle competizioni UEFA.

Dunque all'epoca non esisteva alcuna esigenza di introdurre un simile *corpus* di regole così restrittive. Ma non solo. Il FFP appare del tutto sproporzionato rispetto al succitato obiettivo finanziario. Infatti forse non tutti sanno che prima dell'introduzione del FFP già esisteva un regolamento di licenze UEFA per club che prevedeva alcuni paletti finanziari, tra i quali l'assenza di debiti scaduti.

Tale previsione, quindi, appariva già sufficiente per prevenire l'aumento dei debiti scaduti e, al massimo, sarebbe bastato collegare ad essi l'esclusione automatica dalle competizione UEFA. **Ergo, le successive regole che hanno imposto il pareggio di bilancio appaiono del tutto superflue, non necessarie e sproporzionate**. Soprattutto nel momento in cui la UEFA si inventa dal nulla una soglia massima (c.d. deviazione accettabile) entro cui un proprietario può ripianare i deficit senza incorrere in sanzioni.

A ben guardare, sono i debiti scaduti (e non i deficit) il vero problema dell'industria sportiva (e non). Se un proprietario, infatti, assolve i suoi doveri sociali – pur versando in una situazione di deficit – non manderà mai in dissesto la società. **Basti pensare che il trentennale Mi-**

lan di Berlusconi soltanto in tre occasioni ha avuto un bilancio in utile (90/91, 99/00, 2006). Eppure gli stipendi sono stati sempre pagati e, anzi, se oggi la nostra bacheca splende in quel modo è proprio grazie a quei deficit che rappresentano – soprattutto – la volontà dell'azionista di investire, seppur non in maniera equilibrata. Ma gli equilibrismi di bilancio rappresentano dei problemi che non dovrebbero interessare soggetti esterni alla proprietà, in quanto rientrano nella libera attuazione del plan industriale. La libertà d'impresa, appunto.

In altre parole: con il FFP il Milan di Sacchi non avrebbe mai cambiato il gioco del calcio, contribuendo ad arricchire in termini di visibilità la stessa organizzazione che oggi ci ha sbattuto fuori dalle coppe a causa di quegli stessi deficit che in passato neanche venivano considerati.

L'impressione generale, purtroppo confermata dai fatti come ho avuto modo di spiegare, è che queste regole non abbiano fatto altro che cristallizzare lo *status quo* in un dato momento storico in cui chi aveva dei grandi fatturati ed uno stadio di proprietà, ha consolidato e migliorato notevolmente la propria posizione, a discapito di quei club che, invece, avevano grandi debiti ed erano privi di un impianto.

Secondo la logica perversa del FFP, infatti, tra i costi rilevanti non vi rientrano gli stadi (considerati, invece, costi virtuosi). Come dire: *"spendete e indebitatevi pure per costruire i vostri impianti, ma non vi azzardate a indebitarvi per giocatori di livello fino a quando – grazie allo stadio ed ai diritti tv (che essendo venduti collegialmente non dipendono da te, ndr) – non guadagnerete abbastanza da poterveli permettere".*

Una sorta di *probatio diabolica* che rallenta moltissimo (per non dire annulla del tutto) le ambizioni di chi vuole tornare o arrivare al top, e che si trova anche in **aperto contrasto con l'opinione della nostra autorità garante della concorrenza e del mercato (AGCM)** che in un'indagine del 2006 (IC27 – Settore del calcio professionistico) affermava quanto segue nei punti 28, 95, 96, 205, 206, 207, 208, 520 relativamente all'importanza e agli effetti del calciomercato:

"28. La concorrenza tra club si sviluppa principalmente nelle attività di produzione e di vendita dello spettacolo calcistico. ***La capacità di competere nello svolgimento di tali attività dipende fortemente dalla composizione delle singole squadre e, quindi, dalla capacità delle società di calcio di ingaggiare giocatori in grado di offrire prestazioni adeguate.*** *In altri termini, le operazioni di ingaggio dei calciatori incidono significativamente sui rapporti di concorrenza tra società: migliori sono i giocatori, mag-*

----

giore è la probabilità che un club occupi i primi posti della classifica nel campionato, con conseguente aumento della capacità della squadra di attrarre il pubblico e, quindi, di offrire un prodotto più appetibile di quello offerto dai concorrenti.

95. ***Un momento di competizione importante tra le società di calcio è rappresentata dall'acquisto dei calciatori sul mercato in occasione delle campagne acquisti. Tale momento riveste un'importanza cruciale, posto che i risultati economici di una società di calcio sono strettamente correlati ai risultati sportivi, il raggiungimento dei quali è a sua volta strettamente dipendente dalle maggiori o minori capacità dei calciatori ingaggiati.***

96. ***In tale contesto, si evidenzia poi come l'ottenimento di determinati risultati sportivi è un elemento importante ai fini della stabilizzazione dei ricavi delle società di calcio. Infatti, accedere o meno ad una competizione internazionale può influire profondamente sui ricavi societari.*** *Analogamente, la retrocessione ad una serie inferiore può comportare effetti negativi sui bilanci societari.* ***Per questi motivi, le società investono ampiamente nella fase di individuazione e ricerca dei calciatori sul mercato.***

205. ***Come già rilevato, la capacità di una società di calcio di competere nella produzione e nella vendita del-***

lo spettacolo calcistico è strettamente connessa alle attività di acquisizione di calciatori. *Le operazioni di ingaggio, di trasferimento o di prestito dei calciatori sono, infatti, idonee a modificare sensibilmente il valore sportivo di una squadra e, quindi, ad aumentare il gradimento del pubblico verso quella squadra con i conseguenti ritorni di tipo economico che ne derivano per la società cui fa capo la squadra medesima. Evidentemente, però, proprio in quanto incidono sulle prestazioni sportive di un club, tali operazioni devono essere effettuate in modo da non compromettere il necessario equilibrio competitivo e tecnico tra società di calcio e, quindi, il regolare svolgimento delle competizioni sportive. Per tale motivo, le operazioni di ingaggio, trasferimento e prestito dei giocatori sono soggette a regolamentazione che, a livello sia nazionale che internazionale, promana principalmente dalle Federazioni sportive.* ***In linea di principio, allorché dette regole vertano su questioni che interessano esclusivamente lo sport, e come tali sono estranee all'attività economica dei club, non rientrano nell'ambito di applicazione del diritto antitrust; quando, invece, tali regole incidono sugli aspetti economici dello sport le restrizioni della libertà di scelta dei soggetti coinvolti che ne derivano si giustificano solo se risultano funzionali a garantire il buon andamento dei campionati e non eccedono quanto necessario a garantire il perseguimento di tale obiettivo.***

206. ***La Corte di giustizia comunitaria si è in più occasioni occupata della questione relativa all'assoggettabilità al diritto comunitario degli statuti e dei regolamenti delle Federazioni sportive, osservando che la realizzazione degli obiettivi fondamentali del Trattato "sarebbe compromessa se oltre alle limitazioni stabilite da norme statali non si eliminassero anche quelle poste da associazioni o organismi non di diritto pubblico nell'esercizio della loro autonomia giuridica".*** *Al riguardo i giudici comunitari hanno altresì specificato che le peculiarità proprie dello sport non possono essere fatte valere per escludere da tale sfera un'intera attività sportiva; che la restrizione alla sfera di applicazione del diritto comunitario in relazione ad aspetti prettamente sportivi si giustifica solo ove "mantenuta rigorosamente entro i limiti del suo specifico oggetto"; che le norme giustificate da motivi non economici "attinenti unicamente allo sport in sé per sé" non devono, in ogni caso, eccedere quanto necessario per conseguire lo scopo perseguito.*

207. ***Con specifico riguardo alla questione dei trasferimenti dei giocatori, nelle conclusioni rese in relazione al noto caso Bosmann, l'Avvocato Generale Lenz aveva evidenziato come le regole adottate in sede UEFA si prestassero a frenare i meccanismi concorrenziali tra i club innescati dagli ingaggi dei calciatori. In particolare, in quell'occasione, l'Avvocato Lenz rilevò come la discipli-***

na UEFA dei trasferimenti oggetto di esame sostituisse "al normale meccanismo dell'offerta e della domanda un sistema uniforme che si risolve nel conservare la situazione di concorrenza esistente e nel privare le società della possibilità di giovarsi di quelle opportunità derivanti dall'ingaggio di calciatori che ad esse sarebbero offerte dalle normali condizioni di concorrenza".

208. In queste stesse conclusioni, l'Avvocato Lenz aveva anche riscontrato che, allorché emanano norme che disciplinano gli ingaggi dei calciatori, ***le Federazioni calcistiche sono da considerare associazioni di imprese ai sensi del diritto antitrust****, rilevando altresì che la qualificazione della disciplina UEFA sui trasferimenti come accordo orizzontale tra imprese non potesse essere inficiata dalla circostanza che detta disciplina concerne rapporti di lavoro. Ciò in quanto* ***gli accordi riguardanti rapporti di lavoro non possono essere sottratti "in linea generale ed assoluta" all'ambito di applicazione delle norme di concorrenza.***

520. ***Quanto agli ambiti di confronto concorrenziale, l'analisi svolta evidenzia che la competizione tra club si sviluppa principalmente nelle attività di produzione e di vendita dello spettacolo calcistico e che la capacità di competere nello svolgimento di tali attività è strettamente connessa alle operazioni di ingaggio dei calciatori.*** *Le prestazioni di un club dipendono per larga parte dalle ca-*

pacità dei giocatori che una data squadra è in grado di schierare in campo; prestazioni migliori, poi, rendono più attrattive le performance di una data squadra cui, ragionevolmente, consegue l'aumento del pubblico interessato a seguire quella squadra e, quindi, l'aumento di domanda per lo spettacolo offerto dalla società cui fa capo la squadra medesima. ***Sul punto, l'indagine ha evidenziato che, per migliorare i rapporti competitivi tra società, le acquisizioni e i prestiti dei calciatori dovrebbero avvenire in un contesto in cui le occasioni di collaborazione tra le società di calcio siano limitate a quanto necessario a garantire il buon funzionamento del settore****."*

Nella succitata indagine, quindi, l'Antitrust – tra le altre cose – è giunta alla (ovvia) conclusione in base alla quale le spese che i club sopportano per acquistare i giocatori sono necessarie perché rappresentano la condizione *sine qua non* per avviare quel processo di sviluppo che coinvolge tutta la società. Grandi giocatori portano grandi vittorie, che a loro volta portano grande prestigio e quindi anche tanti soldi. In altre parole il nostro garante non si è sognato di definire taluni costi come "buoni" (virtuosi, quindi non computabili) ed altri "cattivi" (rilevanti, quindi computabili). In realtà, infatti, ogni costo va inserito nel conto economico di una società, che deve essere libera di aumentare o diminuire le voci che ritiene più opportune secondo il proprio business plan industriale.

Con il FFP, invece, la UEFA ha creato dal nulla dei conti economici "paralleli" che calcolano i bilanci societari secondo alcune regole create dalla stessa federazione europea, in spregio a plurimi principi di diritto nazionali e sovranazionali. Una contabilità alternativa che favorisce chiaramente determinate squadre, a discapito di altre.

Qualcuno potrebbe obiettare: *"Certo ma il PSG e il City hanno risolto con le sponsorizzazioni"*.

Anche qui, purtroppo, decide tutto la UEFA che attraverso società "terze" valuta il c.d. *fair value*, ossia il valore di mercato della sponsorship, fissandolo nel limite del 30% del fatturato. Insomma la discrezionalità della UEFA nel valutare i costi ed i ricavi rilevanti ai fini del FFP è pressoché illimitata e ad oggi decidono loro chi può soggiornare lassù, nel Monte Olimpo. **Una situazione diventata ormai insostenibile e che aprirebbe le porte ad un possibile ricorso dinanzi alla Corte di Giustizia UE che, almeno fino ad oggi, non è mai entrata nel merito della questione.**

Infatti nell'unico precedente giunto dinanzi ai giudici europei, ossia il caso Striani, con ordinanza del 16 luglio 2015 la Corte di Giustizia Europea (CGUE) ha dichiarato "palesemente inammissibile" la richiesta di pronuncia pregiudiziale in merito alla legittimità del Fair Play finanziario da parte del Tribunale di Primo grado di Bruxelles (BCFI).

La Corte di Giustizia Europea ha dichiarato l'inammissibilità di tale richiesta in quanto il giudice nazionale non era stato in grado di fornire le necessarie informazioni per permettere alla CGUE di affrontare le questioni di diritto europeo sulla concorrenza. In buona sostanza, quindi, i giudici europei ancora devono esprimersi nel merito di questa perniciosa normativa.

Postfazione organica di tre professionisti che affrontano trasversalmente l'argomento FFP:

Raffaele Greco, specialista software per enti pubblici e già dirigente d'azienda (lato economico), Antonio Perna, impiegato nel settore finanziario (lato finanziario), Antonio Baldari, avvocato (lato giuridico).

Un letto di Procuste. Vien fatto di evocare questo antico mito classico, a leggere le norme del Regolamento del Fair Play Finanziario della Uefa, nella controluce offerta dalle approfondite analisi dell'avvocato Felice Raimondo. Ovvero, una situazione contabile, finanziaria e di archetipo giuridico, in cui le società calcistiche sono forzate a conformarsi, con un adattamento snaturante, che storpia e financo mutila i principii, di mutua e consolidata tradizione, che regolano da sempre l'ordinato svolgimento di una attività di impresa, e le economie che essa genera o subisce, anche quando essa incide in una materia di ampio ed immediato riflesso sociale, come il calcio.

Le forzature e le lacune si osservano ad ogni angolo. Il Fair Play Finanziario non tiene presente le differenze abissali che intercorrono tra i primi clubs, quelli di più alto e consolidato fatturato, e gli altri. Un gap, peraltro, in termini di fatturato e di risorse in genere che si è creato proprio perché queste società hanno potuto svilupparsi, investire, per poi risolvere i loro problemi, proprio grazie all'assenza del regime imposto dalla burocrazia calcistica di Nyon.

L'aver puntato, poi, i fari quasi esclusivamente sul conto economico, costringendo i clubs ad una sorta di contabilità aziendale parallela tanto *naif* quanto perniciosa, ha generato riserve sul piano dei principii e dei diritti, ma anche gravissimi problemi di ordine pratico. Tra le tante conseguenze negative, per esempio, si rileva quella di aver fatto schizzare in alto il prezzo dei diritti pluriennali (volgarmente definiti cartellini) dei contratti dei giocatori e, conseguentemente, pure degli ingaggi ai medesimi, incluso lo squallido mercato delle mediazioni a cui non si è saputo o voluto mettere un freno.

Il fenomeno delle plusvalenze artificiali, attraverso scambi di contratti con valutazioni gonfiate, è letteralmente degenerato. Non avendo altre possibilità che incrementare i ricavi, molte società, di quelle in odore di competizioni UEFA, specie in Italia, hanno contabilizzato nell'immediato, all'interno cioè degli esercizi "monitorati" dall'UEFA, profitti da player trading con nessuna circolazione o quasi di denaro liquido; per contro, aumentando il livello degli ammortamenti, hanno innescato un circolo vizioso che tiene molto alto e progressivamente il volume dei costi complessivi.

Il problema, poi, del "governo" di queste norme resta gravissimo. Nyon, oltre ad avere a libro paga chi ha scritto norme, comunque alquanto discutibili e che si prestano alle interpretazioni più variopinte, ha pure chi dovrebbe indagare ed effettuare i controlli ed al tempo stesso i giudici chiamati a decidere. Non c'è effettiva separazione dei poteri. Tutto è lasciato ad una ristretta cerchia di burocrati le cui finalità non sono per nulla trasparenti.

Edificando, inoltre, l'intero apparato normativo sull'aumento dei ricavi, l'organo di Nyon ha senza dubbio contribuito alla diminuzione drastica delle posizioni debitorie dei clubs europei, ma ha omesso un fattore chiave: la solidità delle proprietà a capo di questi ultimi. Il contesto che ne segue risulta anomalo e anticoncorrenziale, poiché società sportive nelle quali l'indebitamento risulterebbe garantito dalla solidità degli enti detentori, vengono a trovarsi con l'incapacità di poter investire e di poter stabilire un qualsiasi piano di sviluppo futuro, meno tortuoso. Una reazione logica e automatica dei clubs è quella di aggirare l'insieme di queste norme, essendo pronti a diversi stratagemmi per aumentare i propri ricavi. In questo senso, torna facile citare i casi di PSG e Manchester City, che pur potendo usufruire di un indebitamento con garanzia statale, hanno avuto ricorso a dei contratti di sponsorizzazione da enti legati, in parte gonfiati artificialmente, al fine di rientrare nei parametri contabili arbitrari stabiliti dalla UEFA, nonostante quest'ultima abbia introdotto la normativa di *fair value* e *significant influence*, che dovrebbero limitare questo tipo di operazioni. L'utilizzo di queste pratiche ha dunque permesso, nelle fasi iniziali d'insediamento delle proprietà dei clubs sopra citati, l'innescarsi di un circolo virtuoso, permettendogli di entrare nell'*elite* del calcio mondiale.

Ciò appare tanto più sconcertante, quanto più si apprezza l'immanenza al sistema normativo in esame, già ora, di istituti, quali quello del c.d. *voluntary agreement*, che definirebbero in favore di nuove iniziative imprenditoriali, in ipotesi di cambio di controllo societario del club, di usufruire di un canale preferenziale, in termini di strumenti, di business model e di tempi di realizzazione, per l'attivazione di quel circolo virtuoso, economico via finanziario, che solo consente il progresso sportivo di una squadra di calcio. Quattro, cinque anni di tempo, fuori dalle maglie della *break even rule* recepita dal Regolamento Uefa, con una sostanziale libertà di investimento produttivo, in funzione dell'aumento dei ricavi a costi sostenibili, con un obiettivo di pareggio a fine ciclo, e con l'unica prescrizione di una garanzia bancaria, per cassa, per il pagamento dei debiti scaduti.

Un regime libero, modulato sull'orologio economico e finanziario di una pratica imprenditoriale doverosamente prudente e professionale, ma senza la complicata osservanza di rigidi parametri, talvolta di controversa interpretazione, spesso trasferita nelle aule del contenzioso giudiziario, che non considerano le molteplici varianti del ciclo economico. *De iure condendo*, una estensione dell'ambito di applicazione di questi strumenti giuridici, già presenti al sistema, sottratti alla discrezionalità dell'organo accertatore, e provvisti di meccanismi automatici di operatività non meno di momenti di vigilanza e di analisi condivisa tra le parti, apporterebbe da subito benefici al sistema calcistico, incentivandone l'afflusso di capitali ed il profilo di gestione industriale e concorrenziale.

D'altra parte, la corsa sfrenata verso l'aumento dei ricavi ha portato, come citato precedentemente, ad un forte aumento del prezzo dei diritti pluriennali dei contratti, spesso legato a scambi di contropartite tecniche in operazioni di mercato (soprattutto in Italia), al fine di presentare conti compatibili con le regole imposte da Nyon, senza o con esborso parziale di liquidità per finalizzare le operazioni. Difatti nel medio, lungo periodo potremmo assistere alla creazione di una vera e propria bolla, come una conseguenza diretta del mancato utilizzato di liquidità nelle transazioni di calciomercato, minando per alcuni clubs, la capacità nel far fronte alle rispettive attività correnti, malgrado le plusvalenze effettuate in bilancio.

Inoltre, l'affluenza di capitali importanti nel calcio europeo, da proprietari con risorse quasi illimitate, è un ulteriore fattore che ha favorito l'aumento esponenziale dei diritti pluriennali dei contratti, a tal punto che risulta difficile, anche per i clubs con potenza economica importante, aggiudicarsi le prestazioni dei calciatori più blasonati. La conseguenza, anche in questo caso, è la maggior presenza di contropartite tecniche nelle operazioni fra clubs, fattore potenzialmente gravoso sulle liquidità delle varie compagini europee.

Alla luce di questi elementi, pur mostrando dei meriti tangibili, il FPF appare come un sistema incompleto per certi aspetti e troppo distaccato da quei principi economici che regolano ogni altro settore d'attività. Un letto di Procuste, troppo lungo e troppo stretto, in cui il calcio europeo si dibatte tra una udienza al Club Financial Control Body ed una escursione sul lago di Losanna, lavorando, e dolorando.

Ringraziamenti

Ringrazio sentitamente il Prof. Umberto Lago per la disponibilità e la competenza con cui mi ha chiarito diversi aspetti della normativa, nonché per aver impreziosito questa pubblicazione con una prefazione illuminante.

Il sottoscritto ma, soprattutto, i lettori non potevano chiedere di meglio.

Ringrazio anche tre inseparabili compagni di viaggio: Raffaele Greco, Antonio Perna ed Antonio Baldari. Ciascuno di costoro ha fornito un contributo essenziale con una postfazione frutto delle rispettive competenze.

Tre grandi milanisti ma, più di ogni altra cosa, tre valenti professionisti.

Infine ringrazio Pina Saltarelli, mia cognata nonché laureanda in architettura, per aver ideato l'originalissima copertina ed aver risolto un problema decisivo ai fini della pubblicazione.

Indice analitico

Definizione dei termini principali.

CFCB = Club Financial Control Body, ossia l'Organismo di controllo finanziario del club, presieduto da un presidente e composto da due camere: investigativa e giudicante.

Richiedente la licenza = è la squadra di calcio, cioè la persona giuridica pienamente e unicamente responsabile di una squadra di calcio che partecipa a competizioni nazionali di club e che ha richiesto una licenza per partecipare alle competizioni UEFA per club.

Licenziatario = club che ha ottenuto una licenza per partecipare alle competizioni UEFA per club.

Licenziante = l'associazione membro della UEFA o la sua lega affiliata che gestisce il sistema di licenze UEFA per club a livello nazionale, concede le licenze per accedere alle competizioni UEFA per club e intraprende determinati compiti in relazione al processo di monitoraggio dei club UEFA.

Convenuta = associazione membro della UEFA, licenziante, richiedente la licenza, licenziatario o persona soggetta ai Regolamenti UEFA Club Licensing e Fair Play finanziario e contro la quale sono stati aperti procedimenti dal CFCB.

Break-Event Information (Informazioni sul pareggio di bilancio) = Informazioni finanziarie che devono essere calcolate e riconciliate con i rendiconti finanziari e le registrazioni contabili sottostanti in relazione a ciascun periodo di riferimento pertinente, e che devono essere presentate da un club per valutare la sua conformità al requisito di pareggio.

Break-Even Requirement (Requisito di pareggio di bilancio) = requisito imposto dalla UEFA inerente il pareggio di bilancio, risultato della differenza tra entrate e spese rilevanti.

Projected Break-even information (Pareggio di bilancio previsionale) = se il licenziatario viola gli indicatori di cui all'articolo 62, comma 3, deve preparare e presentare le informazioni di pareggio previste entro il termine e nella forma comunicata dall'amministrazione UEFA. In tal caso le informazioni riguardano la differenza tra entrate e spese rilevanti sulla base di dati economici previsionali. Le informazioni di pareggio previste devono coprire il periodo di 12 mesi che inizia immediatamente dopo la data di chiusura prevista per legge del periodo di riferimento T (periodo di riferimento T +1).

Monitoring Period (Monitoraggio) = periodo triennale durante il quale la UEFA valuta i tre esercizi già chiusi, antecedenti la stagione in cui avviene il monitoraggio. In questo caso il risultato aggregato di pareggio è la somma dei risultati di pareggio di ciascun periodo di riferimento coperti dal periodo di monitoraggio. La deviazione accettabile è il disavanzo aggregato massimo possibile per un licenziatario che deve essere considerato conforme al requisito di pareggio di cui all'articolo 64. La deviazione accettabile è di 5 milioni di euro. Tuttavia può superare tale livello fino a 30 milioni di euro se tale eccedenza è interamente coperta dai contributi dei partecipanti al capitale e/o delle parti correlate.

Projected Monitoring period (Monitoraggio previsionale) = periodo triennale durante il quale la UEFA valuta un monitoraggio futuro sulla base di dati economici previsionali. Il disavanzo aggregato massimo è il medesimo del monitoraggio classico. Ad esempio, il periodo di monitoraggio previsionale valutato nella stagione di licenza 2018/19 copre i periodi di riferimento che terminano nel 2019 (periodo di riferimento T + 1), 2018 (periodo di riferimento T) e 2017 (periodo di riferimento T-1).

Entrate/Spese rilevanti = guadagni e costi presenti nel conto economico, rilevanti ai fini del calcolo del pareggio di bilancio.

Parte correlata = persona fisica o giuridica correlata all'entità che sta preparando il proprio bilancio (la "entità segnalante"). Nel considerare ogni possibile relazione con le parti correlate, l'attenzione è rivolta alla sostanza della relazione e non semplicemente alla forma legale.

Significant influence (influenza significativa) = capacità di influenzare ma non controllare il processo decisionale della politica finanziaria e operativa. Un'influenza notevole può essere acquisita tramite la proprietà delle azioni, lo statuto o accordo tra le parti. A scanso di equivoci, una parte o parti aggregate con la stessa parte controllante (escludendo la UEFA, un'associazione membro della UEFA e una lega affiliata) si ritiene abbia un'influenza significativa se fornisce entro un periodo di riferimento un importo equivalente al 30% o più delle entrate totali del licenziatario.

Fair value (valore di mercato) = valore di qualsiasi transazione con parti correlate secondo i normali prezzi di mercato.

Voluntary Agreement/Settlement Agreement = Il VA è un accordo volontario stipulato con la CFCB. Il SA è un accordo transattivo stipulato con la Camera Investigativa.

Approfondimento n. 8 (pag. 93)

Enti in Europa e Svizzera Dati al 22/07/2019

Fonti : Reuters, Bloomberg, Yahoo Finance

Società	% Azioni detenute	Stato	Settore d'attività	Market Cap
Waterstones	Dati non forniti	UK	Commercio di libri al dettaglio	Società non quotata
Bauer S.p.A	100,00%	Hotel & Motel	Italia	Sociéta non quotata
AC Milan S.p.A	99,93%	Italia	Sport	Società non quotata
Credito Fondiario	81,60%	Italia	Servizi finanziari	Società non quotata
AM3D.DE / SLM Solutions	29,80%	Germania	Tecnologia	220,34 MLN €
UN01 / Uniper	17,84%	Germania	Servizi pubblici	10,19 MLD €
AKZO / Akzo Nobel	9,50%	Olanda	Materie prime	19,42 MLD €
TLIT / Telecom Italia	8,85%	Italia	Telecomunicazioni	10,27 MLD €
INTER.AS / Intertrust	6,10%	Olanda	Servizi finanziari	1,65 MLD €
HMSO / Hammerson	5,30%	UK	Servizi immobiliari	2,07 MLD £
SAGA.L / Saga plc	5,14%	UK	Turismo	531,6 MLN £
MCRO / Micro Focus	5,10%	UK	Tecnologia	5,71 MLD £
G1AG / GEA Group	5,00%	Germania	Servizi industriali	3,85 MLD €
WTB / Whitbread	Meno del 5%	UK	Ristorazione	8,13 MLD £
BHP Billiton BLT.L	4,66%	UK	Materie prime	103,37 MLD £
SAPG.DE / SAP	Meno del 3%	Germania	Tecnologia	133,66 MLD €
TKAG / Thyssenkrupp	Meno del 3%	Germania	Materie prime	7,18 MLD €
BAYGn / Bayer	2,10%	Germania	Servizi sanitari	55,37 MLD €
PERP / Pernod Ricard	2,50%	Francia	Alimentari	41,31 MLD €
DUFN / Dufry	0,94%	Svizzera	Commercio al dettaglio	4,28 MLD CHF

Enti in Asia

Dati al 22/07/2019

Fonti : Reuters, Bloomberg, Yahoo Finance

Società	% Azioni detenute	Stato	Settore d'attività	Market Cap
Sanko Line	Informazione non diffusa	Giappone	Trasporto navale	Società non quotata
Bank of East-Asia	8,00%	Hong-Kong	Servizi finanziari	64,6 MLD (Dollaro di HK)
Hyundai Motors	3,00%	Corea del Sud	Automobili	32,03 TLN (Won sudcoreano)
Hyundai Mobis	2,50%	Corea del Sud	Automobili	21,54 TLN WSC
KIA Motors	2,10%	Corea del Sud	Automobili	17,18 TLN WSC

Società controllate con quote di maggioranza

(Dati al 22/07/2019)
Fonti : SEC, Yahoo Finance, Bloomberg

Società	% Azioni detenute	Settore d'attività	Stato	Market cap ($)
*Barnes & Noble, Inc.	100,00%	Commercio libri al dettaglio	USA	496,65 MLN
Bauer S.p.A	100,00%	Hotel & Motel	Italia	Sociéta non quotata
AC Milan S.p.A	99,93%	Sport	Italia	Sociéta non quotata
RRTS / Roadrunner Transportation Systems, Inc.	90,38%	Logistica	USA	338,12 MLN
Credito Fondiario	81,60%	Servizi finanziari	Italia	Sociéta non quotata
BTU / Peabody Energy Corporation	26,32%	Materie prime	USA	2,55 MLD
OPB / Opus Bank	16,66%	Servizi finanziari	USA	759,14 MLN
ARNC/Arconic	11,57%	Materie prime	USA	10,92 MLD
RILY / B. Riley Financial, Inc.	8,68%	Servizi finanziari	USA	534,5 MLN
Waterstones	Informazione non diffusa	Commercio libri al dettaglio	UK	Sociéta non quotata
Gigamon	Informazione non diffusa	Tecnologia	USA	Sociéta non quotata
Sanko Line	Informazione non diffusa	Trasporto navale	Giappone	Sociéta non quotata

*Il deal Barnes & Noble, Inc. non è ancora completato a tutti gli effetti, l'offerta di Elliott è stata accettata poche settimane fa dall'ente americano

NB : Nonostante, in alcuni casi, la % d'azioni detenute sia inferiore al 30%, il fondo detiene una maggioranza relativa negli enti citati

Approfondimento n. 19 (pag. 169)

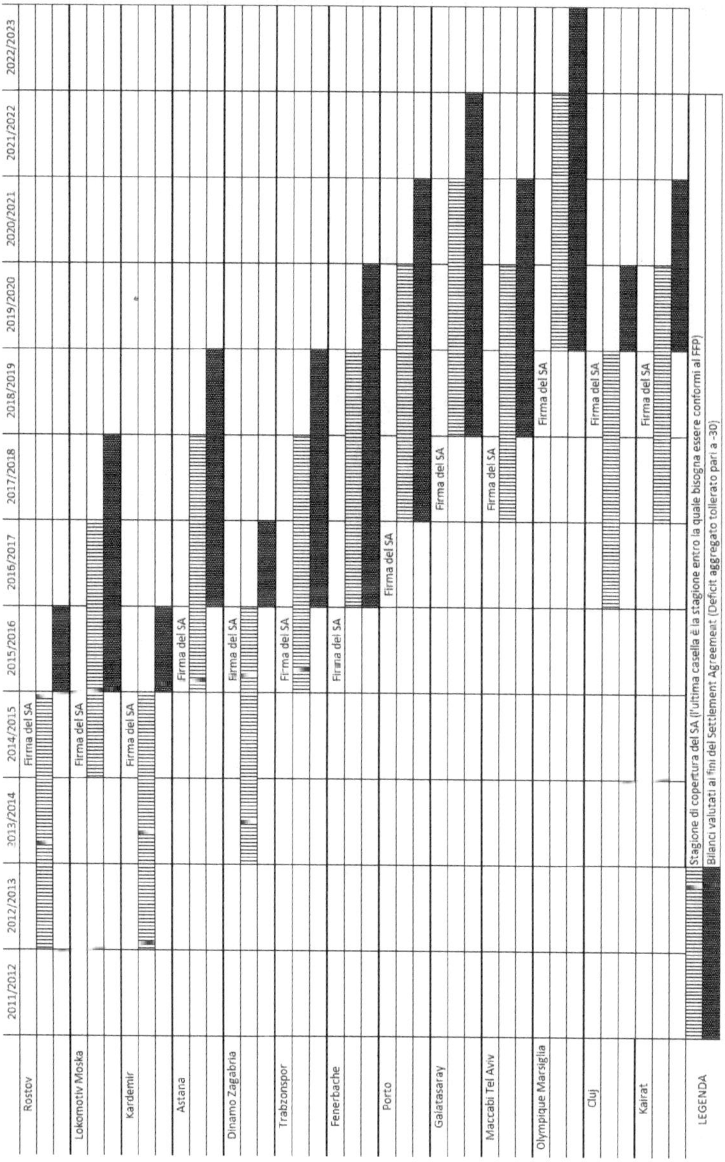

	2013/2014	2014/2015	2015/2016	2016/2017	2017/2018	2018/2019	2019/2020	2020/2021	2021/2022	2022/2023	2023/2024	
Monitoraggio 16/17												Classico monitoraggio del FFP. Ogni anno vengono esaminati i tre bilanci precedenti, quindi il bilancio di una stagione viene monitorato per 3 anni di fila prima di uscire dai radar UEFA.
Monitoraggio 17/18												
Monitoraggio 18/19												
Monitoraggio 19/20												
Monitoraggio 20/21												
Monitoraggio 21/22												
Monitoraggio 22/23												
Monitoraggio 23/24												
Milan Caso 1							Firma del SA					Simulazione del monitoraggio in corso di Settlement Agreement che potrà essere accordato all'AC Milan. Com'è possibile notare durante l'accordo transattivo i monitoraggi non si sovrappongono ma ne esiste soltanto uno solo, quello pattuito con la UEFA.
Copertura annuale												
Milan Caso 2							Firma del SA					
Copertura biennale												
Milan Caso 3							Firma del SA					
Copertura triennale												
Milan Caso 3a							Firma del SA					
Copertura triennale (variante City)												
Milan Caso 3b							Firma del SA					
Copertura triennale (variante PSG)												
Milan Caso 4							Firma del SA					
Copertura quadriennale												
Milan Caso 4a							Firma del SA					
Copertura quadriennale ridotta												
LEGENDA			Stagione di copertura del SA (l'ultima casella è la stagione entro la quale bisogna essere conformi al FFP)									
			Bilanci valutati ai fini del Settlement Agreement (Deficit aggregato tollerato pari a -30)									

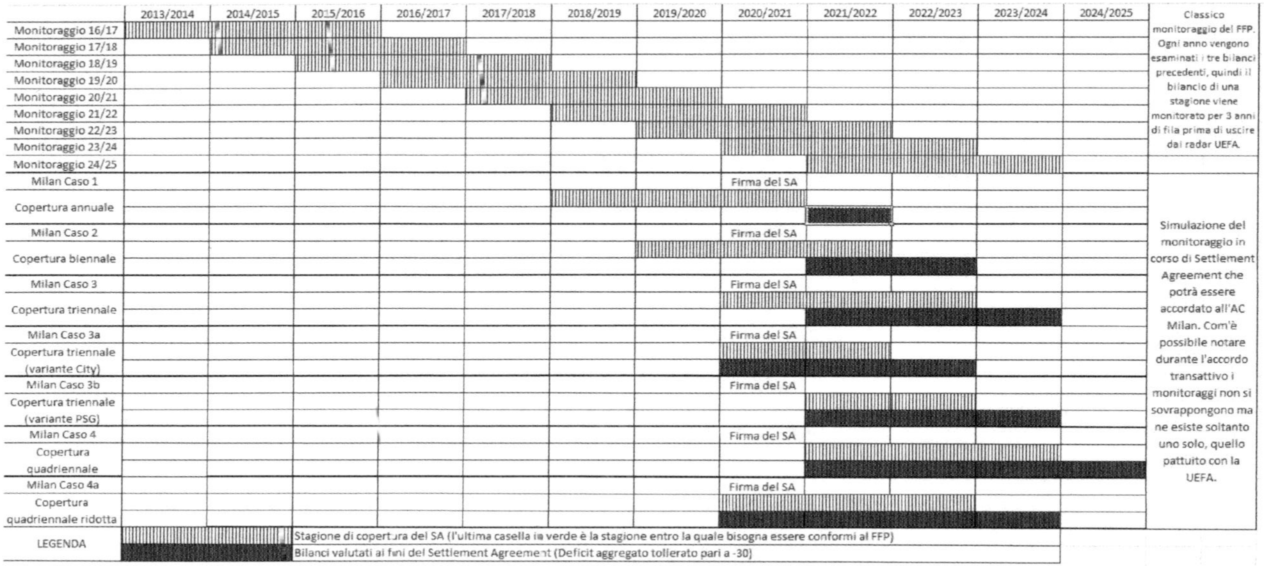
2013/2014
2014/2015
2015/2016
2016/2017
2017/2018
2018/2019
2019/2020
2020/2021
2021/2022
2022/2023
2023/2024
2024/2025
Classico monitoraggio del FFP. Ogni anno vengono esaminati i tre bilanci precedenti, quindi il bilancio di una stagione viene monitorato per 3 anni di fila prima di uscire dai radar UEFA.
Monitoraggio 16/17
Monitoraggio 17/18
Monitoraggio 18/19
Monitoraggio 19/20
Monitoraggio 20/21
Monitoraggio 21/22
Monitoraggio 22/23
Monitoraggio 23/24
Monitoraggio 24/25
Milan Caso 1
Firma del SA
Copertura annuale
Milan Caso 2
Firma del SA
Copertura biennale
Milan Caso 3
Firma del SA
Copertura triennale
Milan Caso 3a
Firma del SA
Copertura triennale (variante City)
Milan Caso 3b
Firma del SA
Copertura triennale (variante PSG)
Milan Caso 4
Firma del SA
Copertura quadriennale
Milan Caso 4a
Firma del SA
Copertura quadriennale ridotta
Simulazione del monitoraggio in corso di Settlement Agreement che potrà essere accordato all'AC Milan. Com'è possibile notare durante l'accordo transattivo i monitoraggi non si sovrappongono ma ne esiste soltanto uno solo, quello pattuito con la UEFA.
LEGENDA
Stagione di copertura del SA (l'ultima casella in verde è la stagione entro la quale bisogna essere conformi al FFP)
Bilanci valutati ai fini del Settlement Agreement (Deficit aggregato tollerato pari a -30)

Approfondimento n. 23 (pag. 230)

	CLASSIFICA DELOITTE FOOTBALL MONEY LEAGUE RELATIVA ALLE PRIME 20 SQUADRE DEL MONDO PER FATTURATO (DATI IN MILIONI DI EURO)											
Stagione calcistica	AC Milan	Juventus	Inter	Real Madrid	Barcellona	Bayern Monaco	PSG	Manchester UTD	Manchester City	Chelsea	Liverpool	Arsenal
2004/2005	234,00 €	229,40 €	177,20 €	275,70 €	207,90 €	189,50 €	72,00 €	246,40 €	90,10 €	220,80 €	181,20 €	171,30 €
2005/2006	238,70 €	251,20 €	206,60 €	292,20 €	259,10 €	204,70 €	80,00 €	242,60 €	89,40 €	221,00 €	176,00 €	177,40 €
2006/2007	227,20 €	145,20 €	195,00 €	351,00 €	290,10 €	223,30 €	77,00 €	315,20 €	122,30 €	283,00 €	198,90 €	263,90 €
2007/2008	209,50 €	167,50 €	172,90 €	365,80 €	308,80 €	295,30 €	73,00 €	324,80 €	104,00 €	268,90 €	210,90 €	264,00 €
2008/2009	196,50 €	203,20 €	196,50 €	401,40 €	365,90 €	289,50 €	101,00 €	327,00 €	101,20 €	242,30 €	237,00 €	263,00 €
2009/2010	235,80 €	205,50 €	224,40 €	438,60 €	398,10 €	323,00 €	82,70 €	349,80 €	152,80 €	255,90 €	225,30 €	274,10 €
2010/2011	235,10 €	153,90 €	211,40 €	479,50 €	450,70 €	321,40 €	100,90 €	367,00 €	169,60 €	249,80 €	203,30 €	251,10 €
2011/2012	256,90 €	195,40 €	185,90 €	512,60 €	483,00 €	368,40 €	222,40 €	395,90 €	285,60 €	322,60 €	233,20 €	290,30 €
2012/2013	263,50 €	272,40 €	168,80 €	518,90 €	482,60 €	431,20 €	398,80 €	423,80 €	316,20 €	303,40 €	240,60 €	284,30 €
2013/2014	249,70 €	279,40 €	164,00 €	549,50 €	484,60 €	487,50 €	474,20 €	518,00 €	414,40 €	387,90 €	305,90 €	359,30 €
2014/2015	199,10 €	323,90 €	164,80 €	577,00 €	560,80 €	474,00 €	480,80 €	519,50 €	463,50 €	420,00 €	391,80 €	435,50 €
2015/2016	214,70 €	341,10 €	179,20 €	620,10 €	620,20 €	592,00 €	520,90 €	689,00 €	524,90 €	447,40 €	403,80 €	468,50 €
2016/2017	191,70 €	405,70 €	262,10 €	674,60 €	648,30 €	587,80 €	486,20 €	676,30 €	527,70 €	428,00 €	424,20 €	487,60 €

www.ingramcontent.com/pod-product-compliance
Lightning Source LLC
LaVergne TN
LVHW050641051026
849532LV00002B/473
* 9 7 9 1 2 2 0 0 5 2 4 0 5 *